着物地をリメイク！

毎日使える
バッグ&インテリアこもの

あいさつ

古い着物の、その一着の中には、職人さんの技や、
代々受け継いで着用してきた人たちの思い出など、
さまざまな人たちの想いが詰まっています。
もう着られなくなったとしても、それは素晴らしい素材です。

着物リメイクは、おうちに眠っているそのような着物を活用したい、
またはして欲しいという思いから生まれました。

この本は、毎日の生活の中で使える作品に絞っているので、
日常の中に着物リメイクをさりげなく取り入れることができます。

手作りはとても手が掛かることですが、
その分とても温かいものです。
美しく完璧に仕上げることがゴールではなく、
失敗もご愛嬌！　楽しく作ることがたいせつです。
笑顔から出る温もりは必ずてのひらに伝わり、
それが作品にもつながっていきます。

この本を通して、作る喜びと使う楽しさを、そして着物リメイクを
身近に感じていただけたら幸いです。

藤岡幸子

もくじ

おでかけこもの …… 3

角帯のサコッシュ …… 4
コインケースとメガネケース …… 5
襦袢のサコッシュ・メガネケース・
コインケース …… 6
リバーシブルのあづま袋 …… 8
デニムと格子柄の折りたたみバッグ …… 10
桜色のエレガントなトートバッグ …… 11
雨コートのくしゅくしゅバッグ …… 12
BOX型ファスナーポーチ2種／
トリさんのミニポーチ …… 14
正方形から作るバネ口金のポーチ …… 15
華やかな織りの帯地のバッグ …… 16
昔着物の台形ポーチ …… 18
前掛けの大型トートバッグ …… 20
ちりめんのバレッタ …… 22
丸底バッグとポーチ …… 23
おくすり手帳入れ3種 …… 24
折りたたみコインケース …… 26
扇子入れと箸入れ …… 27
福笑いの小銭入れ …… 28

おうちこもの …… 29

ミトン型なべつかみと角型なべつかみ …… 30
ウエットティッシュケースカバー …… 31
はぎれのランチョンマット …… 32
ティーコゼーとポットマット＆コースター …… 34
小さな花瓶ケース …… 36
折り紙式角型BOX …… 37
クリスマスのオーナメントとツリー …… 38
三角フラッグとウエルカムの置物 …… 39

はぎれで游ぼう …… 40

ペットボトルの小物入れ …… 40
貼り絵のハガキ／
くるみボタンの木製ピンチ …… 41

着物リメイクの基本 …… 42

布の種類 …… 42
接着芯いろいろ …… 43
着物のほどき方／基本の縫い方 …… 44
副資材 …… 45
ループの作り方 …… 46
マグネットボタンのつけ方 …… 47
くるみボタンの作り方 …… 48
内ポケットの仕立て方／バイアステープの裁ち方／
接着芯の貼り方 …… 49

作品の作り方 …… 50

おでかけこもの

角帯のサコッシュ

キリリとした男性用の角帯を
サコッシュにリメイク。
サコッシュは小さめの
ポシェットタイプのバッグ。
お財布と鍵とスマホだけを入れて、
ちょっとしたお出かけに重宝します。

たて18.5×よこ16cm
作り方 ◆ **51**ページ◆

中袋も男性用のゆかた地を使ってボーイッシュな仕上がりにしました。
内ポケットと面ファスナーで使いやすさをたいせつに。

メガネケース・コインケース

サコッシュとおそろいの角帯で作った
メガネケースとコインケース。
両方ともバネ口金を使っていて、開閉が楽です。
サコッシュの中に入れて持ち歩けます。

メガネケース たて19×よこ9㎝
コインケース たて9×よこ9㎝
作り方 ◆52ページ◆

薄手の襦袢と絞りのはぎれを四角く裁断し、
黒無地の上にアップリケしました。

襦袢のサコッシュ・
メガネケース・コインケース

赤い花柄の襦袢をアップリケした
サコッシュとメガネケースと
コインケースです。
あでやかな赤を喪服の黒で引き締めて、
粋な大人を演出します。
仕立て方は4〜5ページの作品とほぼ同じ。

サコッシュ たて18.5×よこ16cm
作り方 ◆**51**ページ◆

メガネケース たて19×よこ9cm
作り方 ◆**52**ページ◆

コインケース たて9×よこ9cm
作り方 ◆**52**ページ◆

サコッシュの中袋には内ポケットをつけ、
口にはマグネットボタンを。

リバーシブルのあづま袋

長方形の布から作るあづま袋は、
折りたたんで
メインのバッグに入れておき、
サブバッグとして使うと便利です。
左ページは藍のゆかた地とデニムで作り、
右ページは黒の喪服と
絞り染めの着物地から作りました。

たて40×よこ40cm
作り方 ◆**53ページ**◆

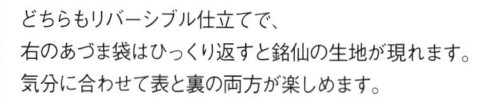

どちらもリバーシブル仕立てで、
右のあづま袋はひっくり返すと銘仙の生地が現れます。
気分に合わせて表と裏の両方が楽しめます。

デニムと格子柄の折りたたみバッグ

茶色のソフトデニムと
格子柄の着物地を縫い合わせたバッグです。
脇はマチ分を折りたたんで縫っているので、
厚みがあるものを入れられます。
革の持ち手でカジュアルな装いに。

たて22×よこ32cm
作り方 ◆54ページ◆

革の持ち手を本体と中袋の間に
はさんで縫いつけます。
口にはマグネットボタンをつけました。

中袋は子どもの着物の裏地に使われていた
モスリンを使いました。
プラスチック板をくるんで作った中底を入れると
形がしっかりします。

桜色のエレガントなトートバッグ

花唐草模様の名古屋帯の柄と無地の部分を
縫い合わせてバッグに仕立てました。
縫い合わせ部分には、格子柄の
ピンクの着物地をパイピング風にはさみ、
同じ布でリボンをつけました。

たて24×よこ37cm
作り方 ◆ **55ページ** ◆

シンプルな形ですが、
肩に掛けると身体になじむデザイン。
黒の喪服地の持ち手で
全体を引き締めました。

雨コートのくしゅくしゅバッグ

赤と黒の粋な色合いのショルダーバッグは、
張りのある素材の雨コートで作りました。
ストライプ風のシャープな生地だから、
シャツにジーンズでさっそうと歩きましょう。

たて25×よこ40cm
作り方 ◆**56ページ**◆

持ち手の喪服地で中袋を作ります。
内ポケットに家紋を配し、
口にはマグネットボタンをつけました。

BOX型ファスナーポーチ2種

黒のポーチは花柄模様の着物地を使用し、
赤はざっくりしたウールの着物地で作りました。
帯締めをファスナーのスライダーに飾って
ワンポイントにしています。

たて6.5×よこ13cm
作り方 ◆ **58**ページ ◆

トリさんのミニポーチ

ちりめんの花柄模様がキュートな
トリの形の小さなポーチです。
首に飾ったレースと、
ボタンの目で可愛らしさがアップ。
小銭入れはもちろん
旅行中のアクセサリーケースなどに
使うと便利です。

たて12×よこ18cm
作り方 ◆ **60**ページ ◆

内側も楽しめるように
渋めの羽裏を
内布に選びました。
ファスナータブは
絞りの布で変化をつけます。

ファスナーの
開閉をしやすくするために
スライダーに羽織紐を
結びつけています。

トリさんのお腹の下に
スナップボタンつきの入れ口が隠れています。

正方形から作るバネ口金のポーチ

正方形の布を折り紙のように折りたたんで作るバネ口金のポーチ。
赤と黒の落ち着いた柄を選びました。
簡単に作れるので、たくさん作って
お友達にプレゼントしてもよいですね。

たて13×よこ15.5cm
作り方 ◆**57ページ**◆

パカッと開閉しやすいバネ口金が入っています。
前には木製のボタンや
リボン結びをしたコードなどを
好みでつけましょう。

華やかな織りの帯地のバッグ

大胆な花柄をそのまま生かして
大きめのバッグに仕立てました。
和装のときにぜひ持ちたいデザインです。
両脇のパイピングは緑の絞り布を使って
アクセントに。

> たて31.5×よこ30.5cm
> 作り方 ◆ **62ページ** ◆

脇を縫う際に底側を折りたたんで縫ってマチを作りました。
厚みのあるものを入れるとマチが広がります。

市販の竹製持ち手を持ち手布に通して、本体と中袋布の間にはさみました。

反物の端に織物の銘柄や素材の説明が
織り込まれていたり、
刺しゅうされていることがよくあります。
せっかくなのでこれらをそのまま残して
ポーチにしてみました。

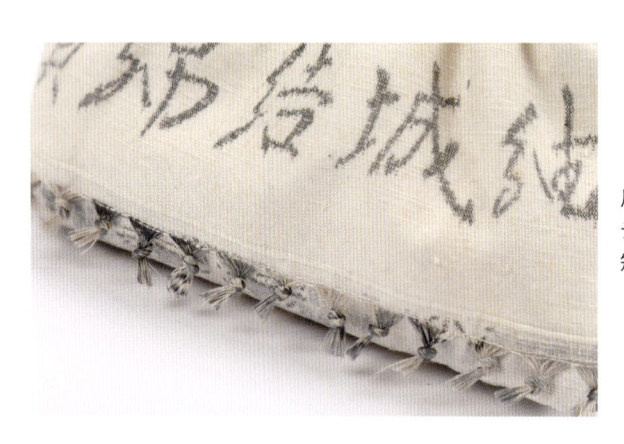

反物の端に付いている房は、
デザインのポイントにするために
短くカットしました。

「あたらしいウールのきもの」の
刺しゅうはそのまま残し、
さらに「純毛〜」と書いてある
文字部分をアップリケ。

昔着物の台形ポーチ

反物に書いてある文字や刺しゅうをデザインに生かし、
レトロなポーチに仕立てました。
パカッと口があくから、
お針道具や化粧道具などの細かいものを入れるのに便利です。

たて11×よこ18cm
作り方 ◆63ページ◆

前掛けの大型トートバッグ

職人さんの前掛けをなるべく形を変えず、
どっしりと丈夫なバッグに仕立てました。
デニム生地を加えて白色のステッチで飾ります。
大きな文字がレトロでユニークですよね。
前掛けのひも部分を口のパイピングに生かし、
赤のアクセントをプラスしています。

たて43×よこ38cm
作り方 ◆**64ページ**◆

中袋は便利な内ポケットつきで、内側にマグネットボタンをつけました。

■ 捨てるところがないリメイク法 ■

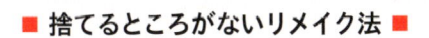

前掛けを使っていた
昔の職人さんの様子を
思い浮かべながら
デザインを考えるのも
ひとつの楽しみですね。

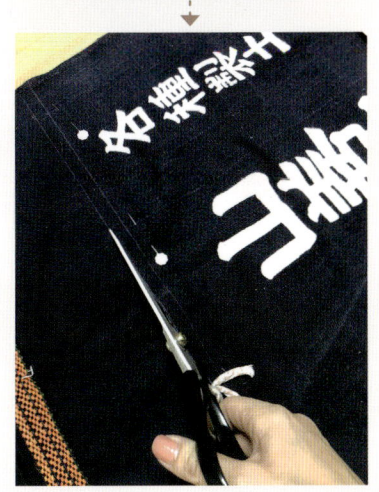

できるだけ文字を
そのまま生かすように
裁断します。
赤いひもはバッグの口の
パイピングに使います。

後ろの大きなポケットは、前掛けのひもを使ったパイピングで
デザインにアクセントをプラスします。

ちりめんのバレッタ

ほんの小さなはぎれも大切にしたくて
アクセサリーを作りました。
黒はキルト綿を入れたふんわりタイプのバレッタ。
赤はくるみボタンをたくさんつけた
キュートなデザインに。

黒2種 たて3×よこ11㎝
赤 たて2.5×よこ9㎝
作り方 ◆**66**ページ◆

布で厚紙をくるんだバレッタの土台を、
バレッタ金具に縫いつけます。

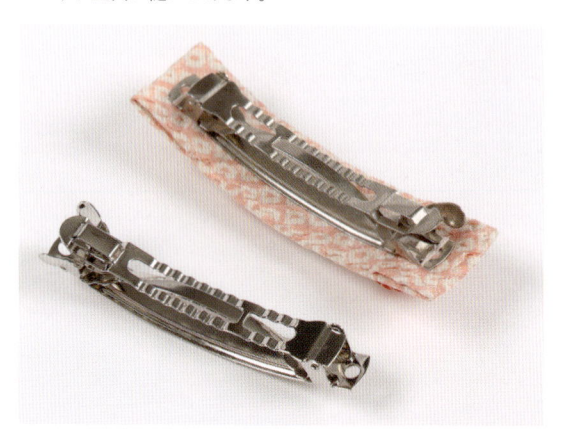

中袋はあざやかな赤の襦袢で作り、
外側との対比を楽しみましょう。
内ポケットとマグネットボタンで機能性をアップ。

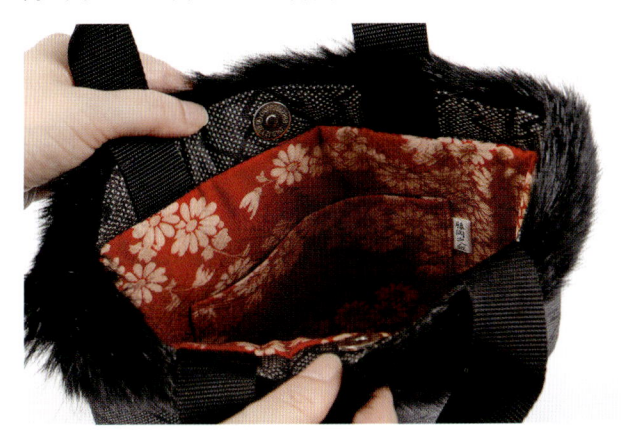

丸底バッグとポーチ

男性用の渋い着物地で作ったバッグとポーチです。

バッグは秋冬の装いに合わせて

中にキルト綿を入れてふっくらさせ、

口側にフェイクファーを縫いつけました。

お揃いのポーチは赤のファスナーがポイントです。

バッグ たて27×よこ26cm
ポーチ たて15×よこ21cm
作り方 ◆**68**ページ◆

おくすり手帳入れ3種

おくすり手帳、銀行の通帳、スケジュール帳などを
入れておくのにぴったりサイズのケースです。
いくつか違う布で作っておき、用途によって使い分けたいですね。

たて16×よこ11.5cm
作り方 ◆ **67**ページ ◆

銀行通帳入れ

大事な銀行の通帳とカードを
一緒にしまっておきましょう。
右側の大きなポケットに通帳を入れ、
カード類は左側のポケットへ。

おくすり手帳入れ

病院に行くときに
忘れがちなおくすり手帳を
診察券や保険証とセットにしておきます。
これで忘れ物の心配はなくなりますね。

スケジュール帳カバー

スケジュール帳の裏表紙を
右側のポケットに入れ、カバーとして使います。
左側のポケットはレシートを入れたりと
自由に使いましょう。

折りたたみコインケース

てのひらに収まるコンパクトなコインケースです。
スナップボタンを外してパッとあけると、小銭が一目瞭然。
レジで慌てずに小銭が取り出せる便利品です。

> たて8.5×よこ8.5cm
> 作り方 ◆**70ページ**◆

中底にはプラスチック板を入れて
しっかりしたつくりにしました。

扇子入れと箸入れ

マイ箸や扇子をつねにバッグの中に入れてお出かけする……、
そんなていねいな暮らし方をしたいもの。
扇子入れは絣と大島紬風のコンビで作り、
箸入れは赤の小紋柄で可愛らしく。

扇子入れ たて23×よこ5cm
箸入れ たて25×よこ5cm
作り方 ◆ **72ページ** ◆

福笑いの小銭入れ

昔のお正月の遊びといえば福笑い。

楽しげなオカメの顔をポーチに仕立てました。

こども達へのお年玉をこのポーチに入れて渡したら、

喜ばれること間違いなしです。

たて11×よこ10.5cm
作り方 ◆ **73ページ** ◆

裏側のスナップボタンを外すと
ちゃんと小銭入れになっています。
ふた側に小銭が引っかかり、
取り出しやすいのがポイントです。

おうちこもの

ミトン型なべつかみと角型なべつかみ

ミトン型と角型のどちらも実用性を重視し、
しっかりしたキルト綿をはさみました。
いつものキッチンに和風の優しいイメージが広がります。

ミトン型 たて22.5×よこ18cm
角型 たて15.5×よこ15.5cm
作り方 ◆74〜77ページ◆

角型もミトン型も、なべつかみの中に
指を入れる帯を縫いつけ、
鍋やフライパンをしっかり支えます。

角型なべつかみは、
対角線の入れ口から手を入れて
さっと鍋がつかめるタイプです。

口側にゴムをつけ、
ウエットティッシュの出し入れを
かんたんにしました。

ウエットティッシュケースカバー

リビングや車の中にあると便利なウエットティッシュを
ウールの可愛い着物地でカバーリング。
生活感あふれるグッズが素敵なインテリアに生まれ変わります。

たて18×直径9cm
作り方 ◆ **78**ページ ◆

はぎれのランチョンマット

ほんの少しだけ残った可愛いはぎれを、
窓からのぞくようにリバースアップリケしたランチョンマット。
窓の周囲をブランケットステッチで囲みました。

たて28.5×よこ40cm
作り方 ◆ **80**ページ ◆

忙しい毎日だからこそ、ていねいに暮らしたいもの。着物地とのちょっとしたふれあいで心が和みます。

ティーコゼーの内側には、
保温シートを縫い込みました。
これで保温力がアップします。

ティーコゼーとポットマット
＆コースター

あたたかいお茶が長い時間楽しめる
ティーコゼーと、
着物の形のポットマット＆コースター。
急なお客様でも、
いつでもおもてなし準備は万全です。

ティーコゼー　たて22.5×よこ30cm
ポットマット　たて13×よこ14cm
コースター　11×11cm
作り方 ◆81〜83ページ◆

唐草模様のウールに同系色のピンクの格子柄を合わせました。
上部にはティーコゼーをつまみ上げるためのループを付けました。

着物を広げた形のポットマット。
ひと回り小さめサイズはたくさん作ってコースターに。

小さな花瓶ケース

仲良く寄り添う花瓶ケースは
お部屋のあちこちにさりげなく飾って。
お花だけではなくテーブルの上に置いて
スティックシュガー入れなどにも使えます。

たて12×直径6cm
作り方 ◆**87ページ**◆

折り紙式角型BOX

折り紙のように布を折って作るBOXです。お針回りの小物を入れたり、
アクセサリーケースやテーブル回りの整理整頓など、
工夫しだいで何にでも使えます。

大 たて8.5×よこ8.5cm
小 たて6.5×よこ6.5cm
作り方 ◆**84**ページ◆

赤系は布で作ったひもや革ひもを、
リボン結びにしてワンポイントに。

180mlのお酒のガラス瓶がぴったり入るサイズ。
脇を折りたたんで縫ってマチにする仕立てだからかんたん。

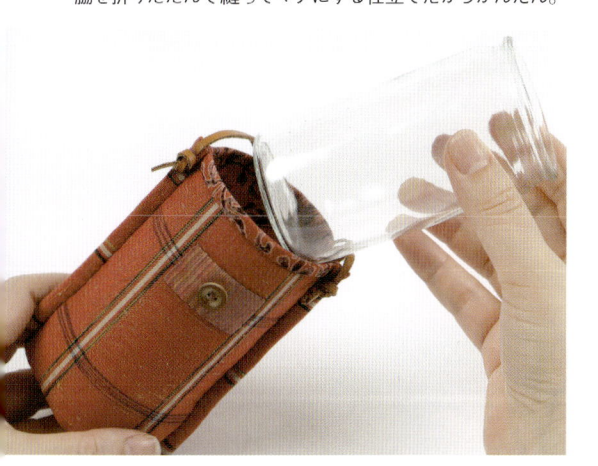

三角フラッグとウエルカムの置物

お客様を呼んでのお誕生日パーティは、
和風の飾りでお迎えします。
ひもに裁ち切りの和柄はぎれをつけたフラッグと、
WELCOMEの文字を飾ってお出迎え。

三角フラッグ たて6×よこ40cm
ウェルカムの置物 たて8〜9×よこ7〜10cm
作り方 ◆ 92〜93ページ ◆

クリスマスのオーナメントとツリー

金糸が織り込まれた金襴の帯は、
クリスマス作品にぴったり。
三角や星のモチーフの中に
綿を詰めたオーナメントと、
三角の布をビーズでとめて立体にしたツリーで
和風のパーティの始まりです。

三角のオーナメント たて6.5×よこ13cm
星のオーナメント たて11.5×よこ12cm
ツリー たて15×よこ14cm
作り方 ◆ 88〜91ページ ◆

わずかな残り布を有効活用して、暮らしの小物に生かしてみましょう！
切ったり貼ったりだけのかんたんな作り方だから工作感覚で楽しく作れます。

ペットボトルの小物入れ

正方形の布をピンキングはさみで切って、一部を縫うだけの小物入れ。
中にはペットボトルの下半分を切って入れました。ミニ花瓶にもなります。

たて11×よこ6.5cm
作り方 ◆ **94ページ** ◆

貼り絵のハガキ

布に両面テープを接着して
自由に裁ち、
ペタペタハガキに貼りました。
絵柄に沿って
切り取るのも楽しいですね。
和布好きのお友達へ
送ってみてはいかが。

たて15×よこ10㎝
作り方 ◆**95**ページ◆

くるみボタンの木製ピンチ

好きな布でくるみボタンを作り、
木製のせんたくばさみに
ボンドで接着。
そのまま飾るだけでも
かわいいですが、
メモや写真をはさんだりして
実用品としても。

たて4.5×よこ24㎝
作り方 ◆**95**ページ◆

着物リメイクの基本

この本で使われる基本の縫い方や用語、作品作りに必要な技法など、
着物をリメイクする際に知っておきたい基本を紹介します。

布の種類

着物地の素材にはさまざまな呼び方があり、染織の技法による分け方のほか、
素材や柄、用途などで分けられます。

ちりめん

よこ糸に強い撚りをかけて織ることで、シボと呼ばれる凹凸ができます。しなやかな風合いが小物作りに適している布です。

ウール

昭和初期に日常着として作られ、手入れのしやすさから、洋服感覚で着る着物として喜ばれた素材です。純毛と混紡があります。

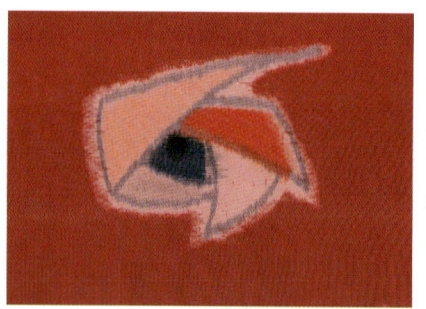

銘仙

大正から昭和にかけて流行した織物。あざやかで大胆な柄が多く、当時にしては画期的な現代風の柄も多く見られます。

紬

大島紬に代表される緻密柄の高級品もあれば、ざっくりとした風合いのものまで幅広い種類があり、絹と木綿の両方があります。

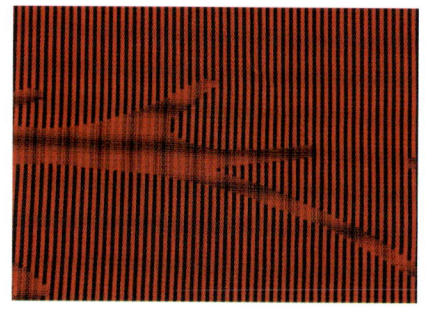

雨コート

雨の日に着物が濡れないように羽織るコートも、着物リメイクの素材になります。多くは撥水性のある布で作られています。

襦袢

長襦袢や半襦袢は、着物と肌襦袢（下着）の間に着るもので、袖口や裾からちらりと見える色合いを楽しみます。

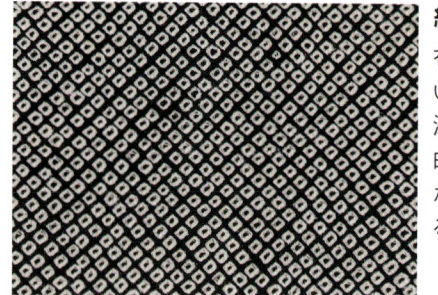

絞り

布を糸でくくったり、縫い絞ったりして染める手法。くくられたところが白く染め残ります。絞った部分が凹凸となって残る場合もあります。

留袖

留袖は着物の格ではもっとも高く、特に黒留袖は第一礼装として結婚式などで親族や仲人だけが着ることができる格式の高い着物です。

ゆかた

元は湯上がりに着るものとされていましたが、今は一重でさらりと着る夏の着物として、色柄素材ともさまざまな種類があります。

羽裏

羽織の裏地のことで、ぜいたくが禁止された江戸時代には、羽裏に派手で凝った柄を使うのがおしゃれとされ、ユニークな柄が多くあります。

◆ 縞・格子

無地にも見える粋な細い縞から、カジュアルな大柄の格子など、シンプルなだけに奥が深く味わいのある柄です。

◆ 帯地

豪華な帯地は見栄えのするバッグになります。裏に刺しゅうや織りの糸が渡っているときは、接着芯を貼っておくことで扱いやすくなります。

接着芯いろいろ

伸び止めや補強のためなど、
接着芯にはさまざまな役割があります。
布との相性もあり、
どの接着芯を選ぶかで仕上がりに
差がでます。

◆ ニット用接着芯

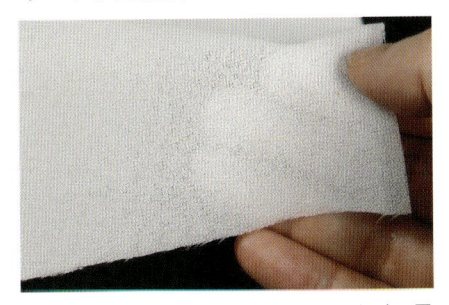

薄くて伸縮性があるので、ちりめんなどの風合いをそのまま生かせます。襦袢や羽裏などの薄手の生地とも相性が良い接着芯です。

◆ 厚手接着芯

布タイプの厚手の接着芯。しっかりしたバッグや立体的な小物などを仕立てるにはおすすめです。アイロンでしっかり貼りましょう。

◆ 不織布タイプ接着芯

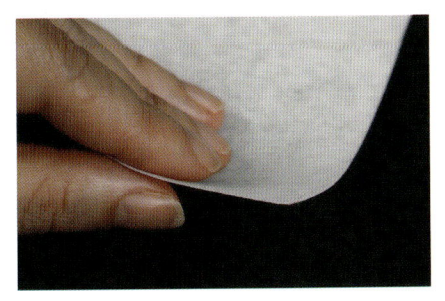

厚みがあるハードタイプの不織布は、かっちりと仕上げたいバッグや小物向きです。比較的安価で手に入りやすいのが特長です。

◆ 接着キルト綿

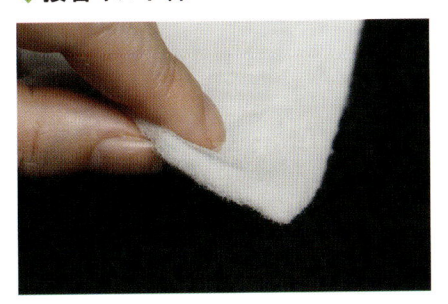

ふっくらさせたいバッグや小物作りに使用します。アイロンで貼る接着タイプが便利です。接着タイプがないときはしつけ糸で仮どめします。

◆ 両面接着芯

2枚の布を外表に接着させるときに使います。布と布の間にはさみ、アイロンをかけるだけなので簡単です。くもの巣シートとも呼ばれます。

着物のほどき方　古い着物は汚れやほつれがないかチェックをしながらほどきましょう。
弱っている部分もあるので、ていねいに少しずつ作業を進めます。

1　リッパーを使い、袖と身頃、衿を外します。縫い目を少し左右に引っ張りながら、リッパーをすべらせるようにほどいていきます。

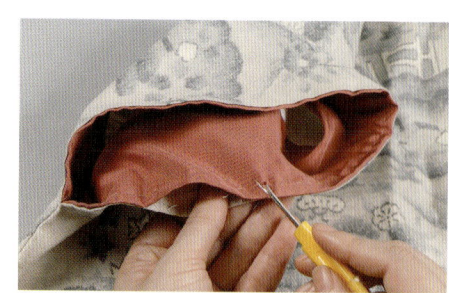

2　袖、前身頃、後ろ身頃、おくみといった大きなパーツに分けたら、裏布をほどきます。ほどき終わったら、素材に合わせた方法で洗濯をし、アイロンをかけておきます。

基本の縫い方　この本の作品は、ミシンでも手縫いでもどちらでも作ることができます。ここでは手縫いの基本を紹介します。

◆ 並縫い

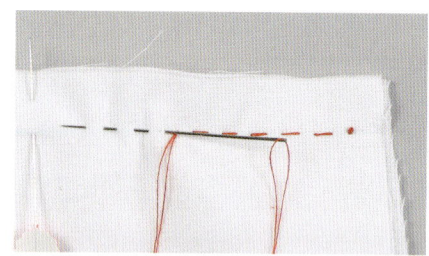

布同士を縫い合わせるときに使う基本の縫い方。細かい針目で針を上下させて表と裏が等間隔になるように3〜4針ずつすくいます。

◆ 本返し縫い

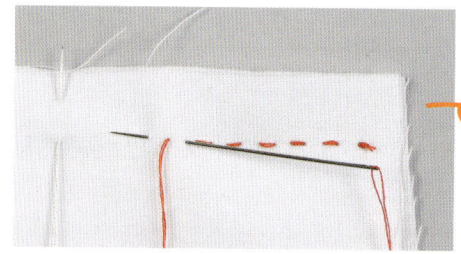

持ち手をつけたり、厚地のもの同士をしっかり縫い合わせるときの縫い方です。2針分すくい、1針戻って再び2針分すくうを繰り返します。

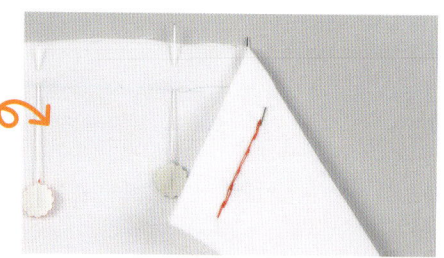

裏側はこのように糸が重なり合っています。

◆ 二重並縫い

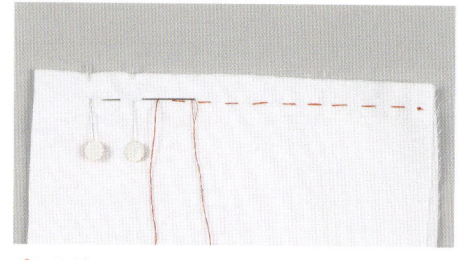

1　並縫いを2回繰り返す独特な縫い方です。本返し縫いよりもスピーディで、簡単です。まず大きめの針目で並縫いをします。

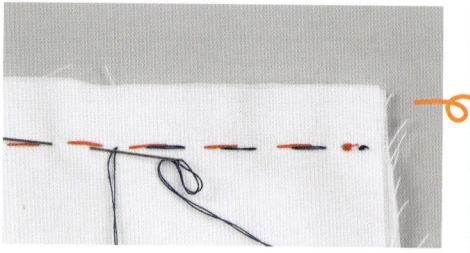

2　もう一度同じ方向から同様に縫って、針目を二重にします。針目と針目の中間から針を出し、針目の真ん中に針を入れます。これを繰り返します。

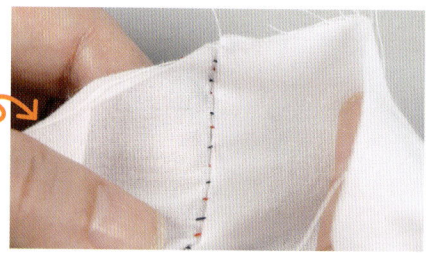

縫い目はこのように細かい針目になっています。最初に縫った針目のちょうど真ん中に次の針目が入ります。

◆ まつり縫い

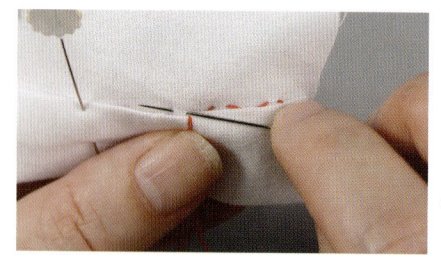

1　針目が小さくたてになり、表から目立たないたてまつりを紹介します。手前の布から針を出し、同じ位置の奥の布に針を出して1針すくいます。

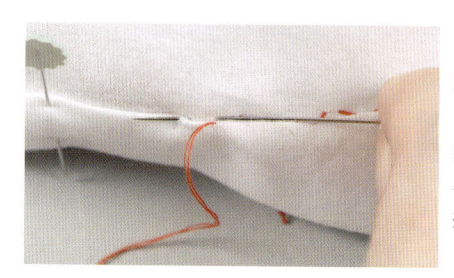

2　同じ位置の手前の布をすくいます。これを繰り返し、針目が斜めにならずに、小さくたてに並ぶように縫います。

◆ はしごまつり

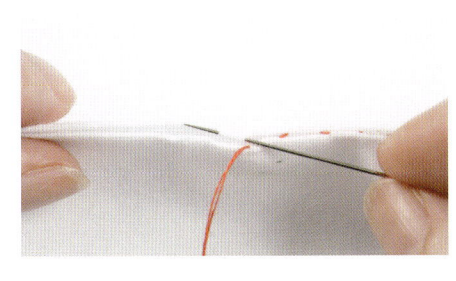

1 返し口をとじるときには はしごまつりで縫います。2枚の布の折り山を交互にすくうまつり方です。まず奥の布の折山を1針すくいます。

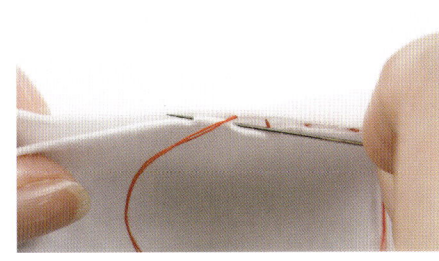

2 針が出ているところと同じ位置の手前を1針すくいます。針目が斜めにならないように縫うのがコツです。

◆ ブランケットステッチ

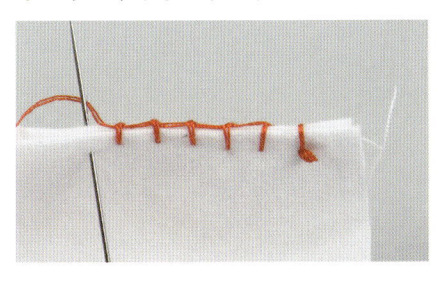

2枚の布の縁をかがる縫い方です。針を垂直に出し、糸を後ろに回して針を抜きます。これを繰り返します。同様の場面で使う巻きかがりは、糸を後ろにかけずに同様に縫うことで針目が斜めになります。

副資材　この本で使われるボタンなどの副資材を紹介します。どれも手芸品店やホームセンター、100円ショップで手に入ります。

◆ マグネットボタン

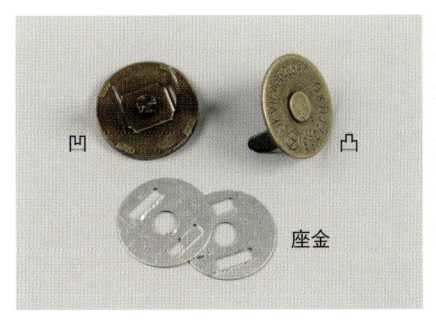

凹　凸　座金

バッグの口の開閉に使うマグネット式のボタン。写真の布に切り込みを入れてつけるものほか、縫いつけタイプもあります。つけ方は47ページ参照。

◆ バネ口金

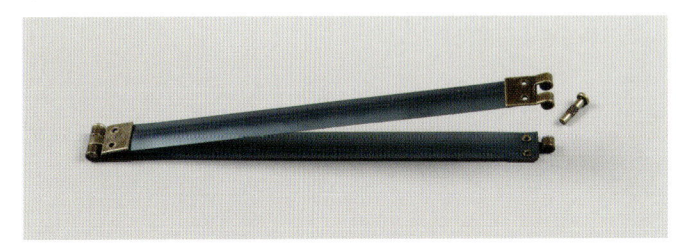

ポーチやコインケースの開閉に使う口金です。取りつけは、口金を通し口に通し、ネジをとめるだけなので簡単です。

◆ アイロンマット

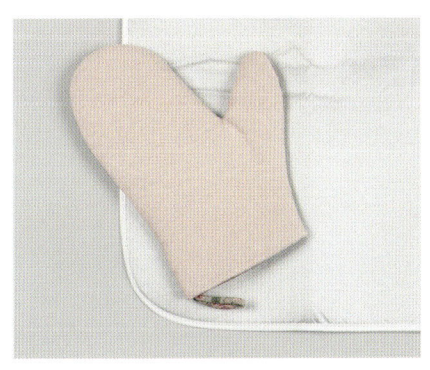

熱に強いアイロンマットは、鍋つかみの素材にぴったりです。キルト綿の代わりに中に入れたり、直接鍋をつかむ裏側に使用します。

◆ 保温・保冷シート

保温・保冷シートとして打っているアルミシートは、ティーコゼーの内布に使えます。トートバッグの中袋に使うと保冷バッグになります。

ループの作り方　市販のループ返しを使って、細長いループを作りましょう。

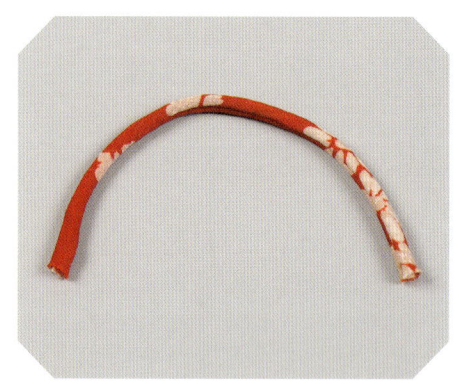

着物地で細いループを作る方法を紹介します。

1 布をバイアス地で裁ちます。布目に対して45度の角度で布を裁ちます。（バイアステープの裁ち方→P49参照）

2 布を中表に二つ折りにして、必要な幅に印をつけます。

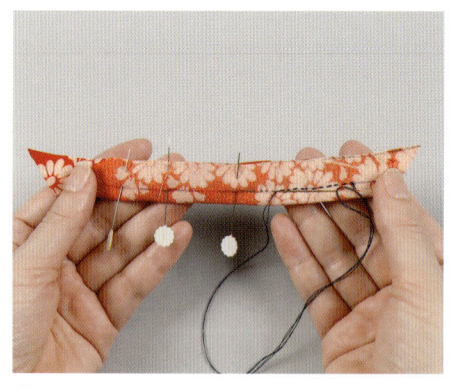

3 印通りに、なるべく細かい針目で並縫いをします。

4 布を伸ばさないように、3〜4針を一度にすくいながら縫います。

5 余分な縫い代を裁ちます。ループ幅の半分くらいを残して裁ちましょう。

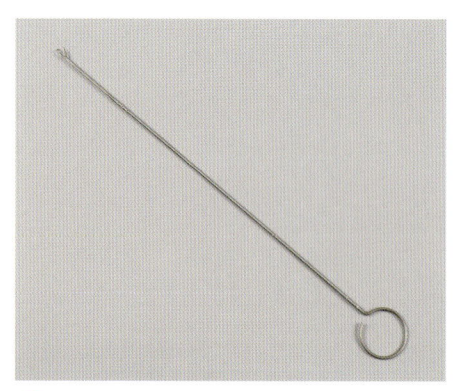

6 ループ返しを使って表に返します。ループ返しがない場合は安全ピンや糸と針を使って返しましょう。

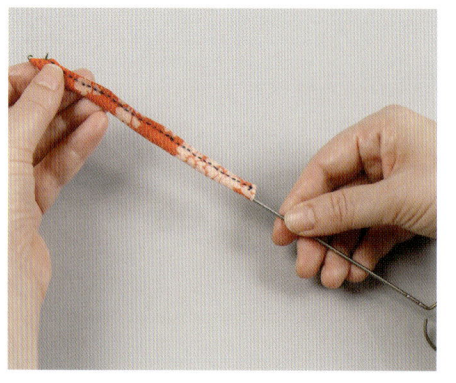

7 ループ返しを手前から通し、奥の布端をフックに引っかけます。

8 フックのとがったツメを布端に刺し、しっかりと布端をフックではさみます。

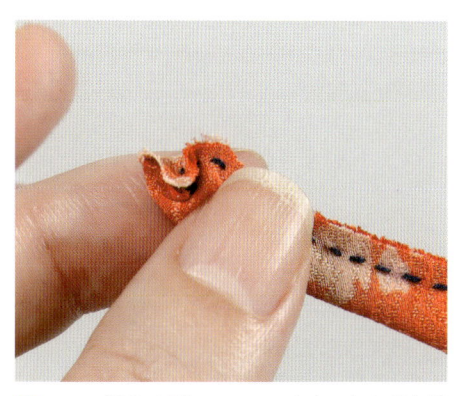

9 ループ返しを引いて、フックをはさんだ布端を中に引き込みます。

10 先端を表に返すと、あとはループ返しを引くだけでスルスルと表に返せます。

ポイント

先端をつねに手で押さえながら、少しずつ表に返すのがコツです。ここを押さえておかないと、途中で布がたまってしまい、スムーズに返せません。

マグネットボタンのつけ方　布に切り込みを入れて金具を差し込むマグネットボタンのつけ方です。

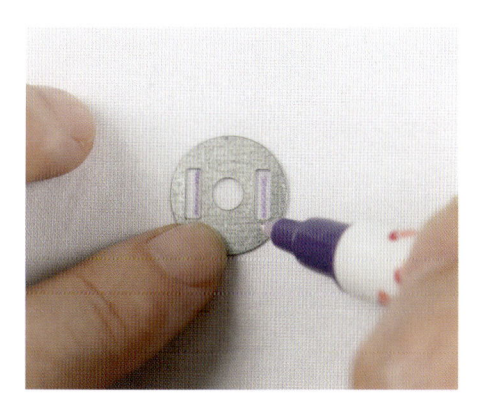

1 座金を使って布に印をつけます。

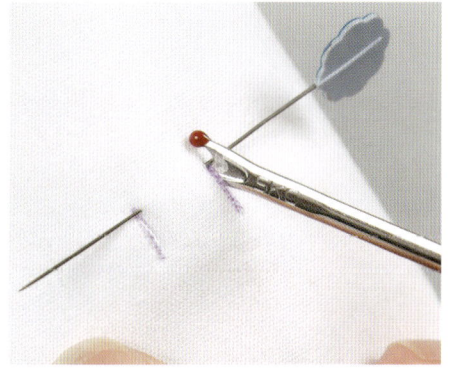

2 印通りに切り込みを入れます。まち針をストッパー代わりに印にとめ、リッパーで切り込むと楽です。

3 マグネットボタンの足を表から切り込みに差し込みます。

4 裏に返し、座金を足にはめます。

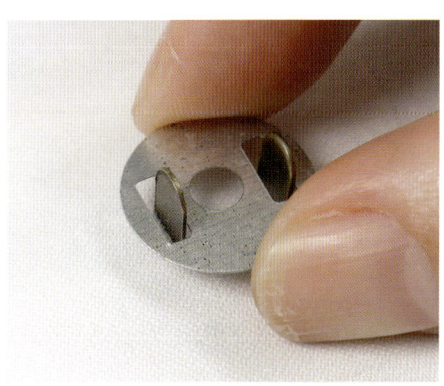

5 座金の穴と足を合わせてはめます。

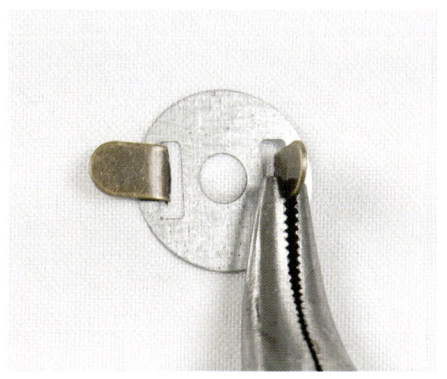

6 ペンチで足を外側に折り曲げて完成です。

くるみボタンの作り方　はぎれで作るとワンポイントになる、くるみボタンの作り方を紹介します。

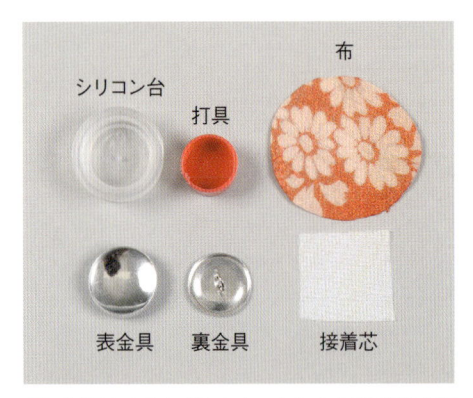

1 市販のくるみボタンキットと布と接着芯を用意します。

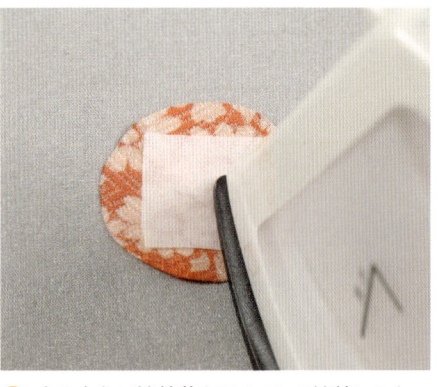

2 布の中心に接着芯をアイロンで接着します。

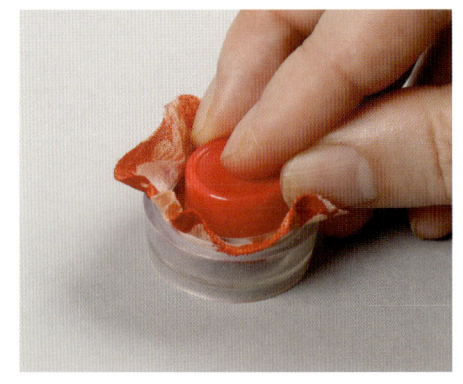

3 シリコン台に布を裏向きにセットし、ボタンの表金具を表を下にして入れ、プラスチックの打具で押し込みます。

4 布を内側に入れ込みます。偏らないように入れるのがコツです。

5 ボタンの裏金具を布の上に乗せます。

6 裏金具を押さえながら、プラスチックの打具を上に乗せます。

7 両手でしっかりと打具を押し込みます。

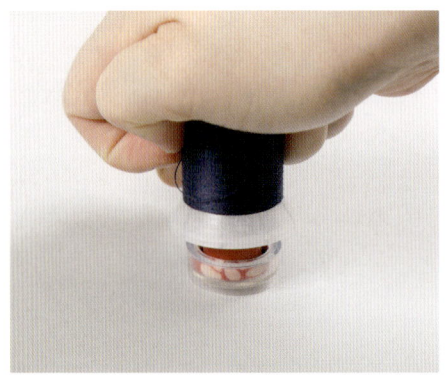

8 力が入らないときは、糸巻きなどを使って押し込むと簡単です。

9 シリコン台から完成したボタンを取り出します。

内ポケットの作り方　基本の内ポケットの作り方を紹介します。

ポケットティッシュやカギなどの細かいものを入れるための便利な内ポケット。　この本でよく出てくるのは、簡単な貼付けタイプの内ポケットです。手作りのバッグだからこそ、使い勝手を考えて便利な内ポケットをつけておきたいですね。

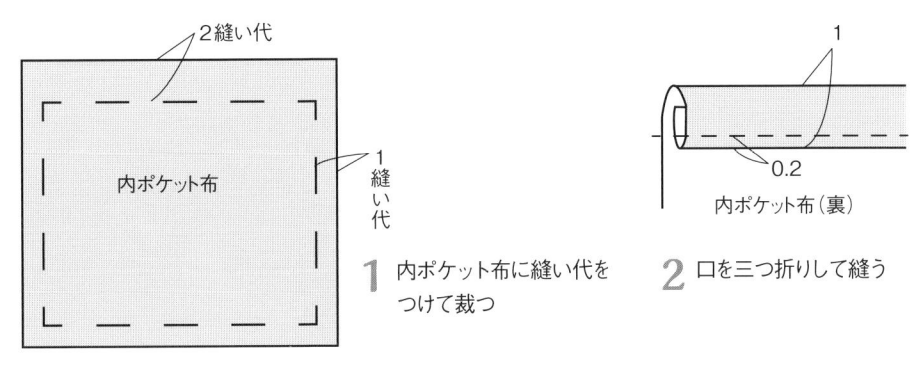

1 内ポケット布に縫い代をつけて裁つ

2 口を三つ折りして縫う

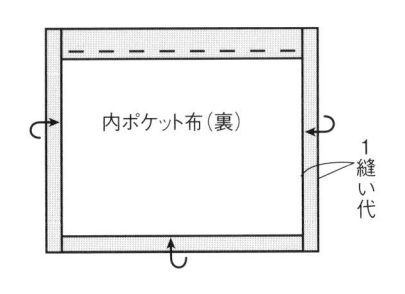

3 両脇と底の縫い代をアイロンで折る

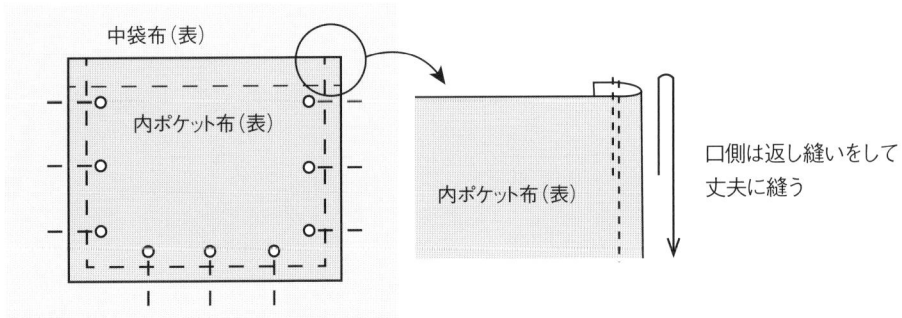

4 中袋布にまち針でとめて、両脇と底を縫う

バイアステープの裁ち方　パイピングに使うバイアステープの裁ち方を覚えておきましょう。

縫い代をくるんで始末するためのパイピング布には、布目に対して45度の角度で裁ったバイアステープを使うときれいです。バイアス地で裁つことで伸縮性が生まれ、カーブなどもきれいに始末することができます

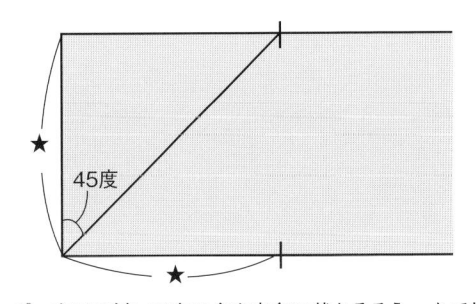

1 布目に対して布の角を直角に裁ちそろえ、たてとよこの同寸法（★）に印をつけて斜め45度の線を引く

2 必要なテープの幅に印をつけて裁つ

テープの長さが足りないとき

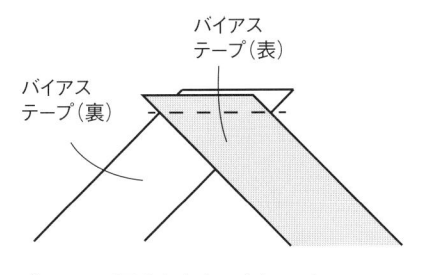

1 テープ同士を中表に合わせて縫い合わせる

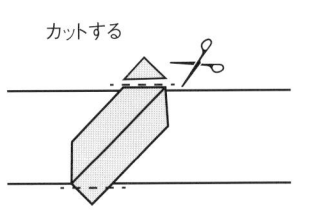

2 飛び出た三角をカットする

接着芯の貼り方　きれいに貼るコツを紹介します。

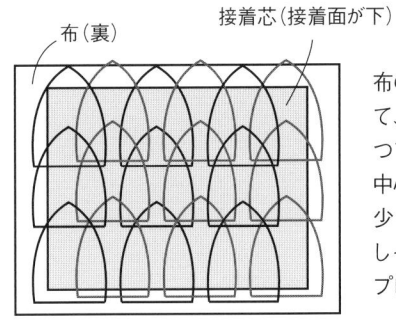

布の上に接着芯を重ねて、中温で約10秒ずつアイロンをかけます。中心から左右・上下に少しずつずらしながら、しっかり体重をかけてプレスしましょう。

作品の作り方

How to make

- 図中の数字の単位は㎝（センチメートル）です。

- でき上がりサイズは目安です。縫い縮みなどにより大きさが変わることがあります。

- 製図に縫い代は含まれていませんので、縫い代を1〜1.5㎝つけて裁ちます。
  例外として、裁ち切りとある場合は縫い代をつけずに裁ちます。

- 端ミシンは布の折り山などにかけるミシンステッチで、折り山から0.2〜0.3㎝の位置にかけます。

- 着物地の幅は約34〜36㎝です。この本では着物地の幅に合わせて製図をしています。

- 薄い布や古くて弱くなっている布には接着芯を適宜貼って使います。

- 基本の縫い方やよく出てくる手法は、
  「着物リメイクの基本」→42ページから始まる以下の項目を参照にしましょう。

- ・基本の縫い方→44〜45ページ

- ・ループの作り方→46ページ

- ・マグネットボタンのつけ方→47ページ

- ・くるみボタンの作り方→48ページ

- ・内ポケットの作り方／バイアステープの裁ち方／接着芯の貼り方→49ページ

◉**材料**

角帯のサコッシュ

本体布（ひも通し布分含む）50×20㎝ 飾り布50×15㎝ 中袋用布（内ポケット分含む）50×20㎝ ひも用布140×6㎝ 幅2㎝面ファスナー3㎝

襦袢のサコッシュ

本体布（ひも通し布分含む）、接着キルト綿各50×20㎝ 飾り布50×15㎝ 中袋用布（内ポケット分含む）50×20㎝ 直径1㎝ひも150㎝ 直径1.5㎝マグネットボタン1組

3.ひも通し布を作って 本体に仮どめする

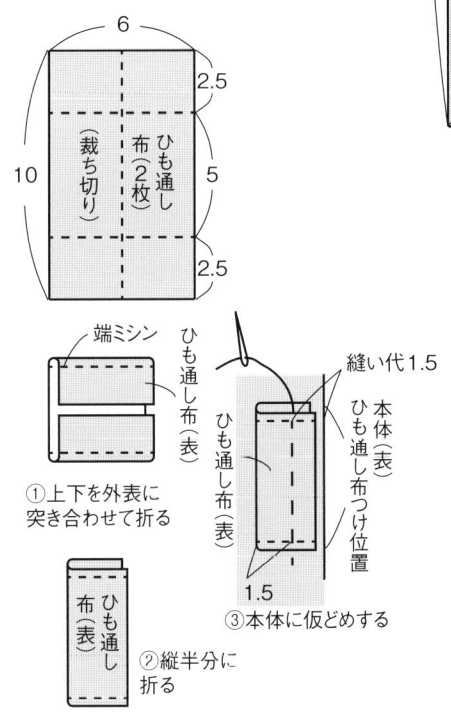

端ミシン ひも通し布（表）

①上下を外表に突き合わせて折る

②縦半分に折る

③本体に仮どめする

角帯のサコッシュのひもの作り方

ひも（1枚）（裁ち切り）

6 140 3

①端ミシン 四つ折りにして端ミシン

② 1 両端のよこ糸を抜いて房にする

1.本体に飾り布をのせて端ミシンで押さえる

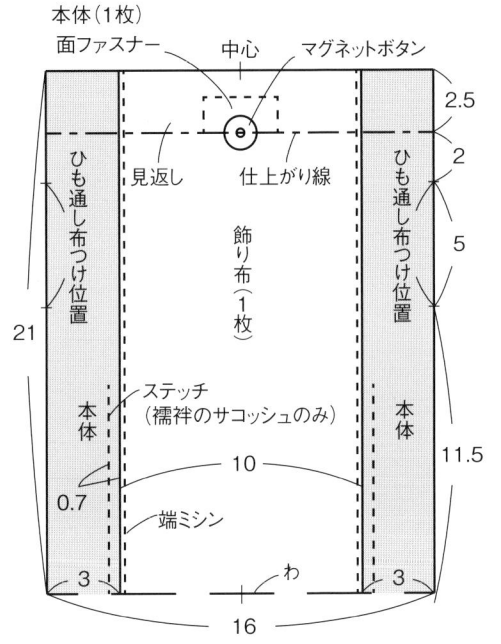

本体（1枚） 面ファスナー 中心 マグネットボタン

見返し 仕上がり線

ひも通し布つけ位置 飾り布（1枚） ひも通し布つけ位置

ステッチ（襦袢のサコッシュのみ）

本体 本体

0.7 端ミシン

2.5 2 5 11.5

21 10 3 わ 3 16

2.中袋を裁ち、内ポケットをつける

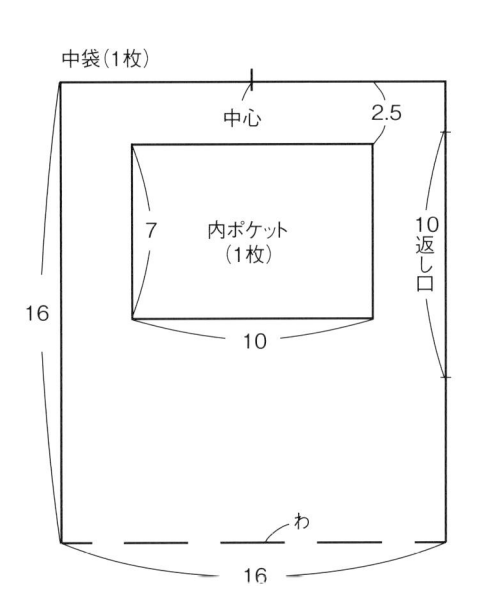

中袋（1枚）

中心 2.5

7 内ポケット（1枚） 10

16 10 16 返し口

わ

※内ポケットの作り方は49ページ参照

4.本体と中袋を袋に縫う

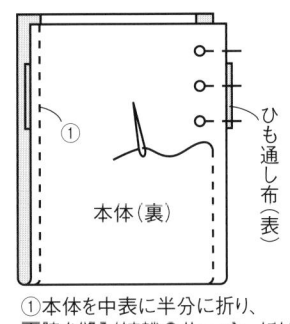

① ひも通し布（表） 本体（裏）

①本体を中表に半分に折り、両脇を縫う（襦袢のサコッシュには裁ち切りの接着キルト綿を貼る）

②襦袢のサコッシュは両脇の底を三角にたたんでマチを縫う

脇 本体（裏） 2

中袋は返し口を残して同様に縫う

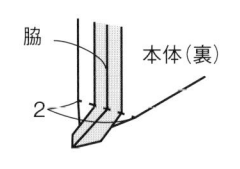

中袋（裏） 本体（裏）

③本体と中袋を中表に合わせて口を縫い、返し口から全体を表に返して形を整える

5.マグネットボタンやひもをつける

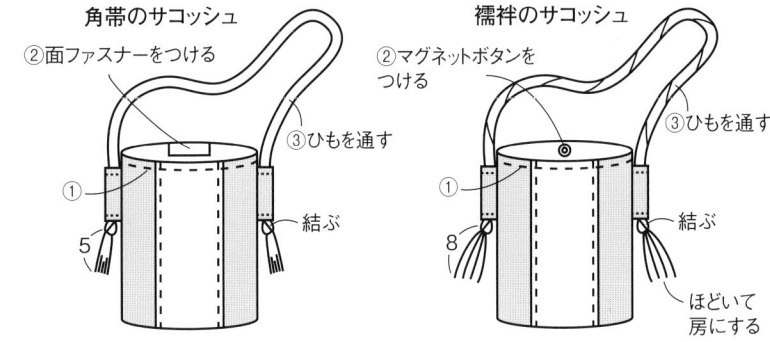

角帯のサコッシュ

②面ファスナーをつける ③ひもを通す ① 5 結ぶ

襦袢のサコッシュ

②マグネットボタンをつける ③ひもを通す ① 8 結ぶ ほどいて房にする

①口を端ミシンステッチで押さえる
②面ファスナー（またはマグネットボタン）をつける
③ひもを通して結ぶ ④返し口をはしごまつりでとじる
※マグネットボタンのつけ方は47ページ参照

●材料

メガネケース
本体用布、接着キルト綿各40×12cm
口べり用布15×10cm　中袋用布40
×12cm　アップリケ用はぎれ適宜（6
ページ襦袢のみ）

コインケース
本体用布、接着キルト綿各20×12cm
口べり用布15×10cm　中袋用布40
×12cm　アップリケ用はぎれ適宜（6
ページ襦袢のみ）　長さ8.5cmバネ口金
1個　長さ8.5cmバネ口金1個

実物大型紙

アップリケ布
（3枚）

※襦袢のメガネケースと
コインケースは本体の裏に
裁ち切りの接着キルト綿を
貼って仕立てる

1.本体を裁ち、アップリケする

襦袢のメガネケース
本体、中袋、接着キルト綿（各1枚）

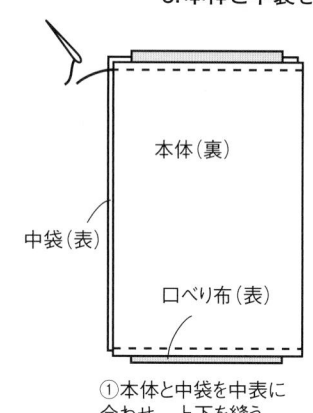

中心
ステッチ　2.5
前のみたてまつりでアップリケする
17
1.5
1.5　7返し口
3.2　2
9
底中心わ
1.5

コインケース
本体、中袋、接着キルト綿（各1枚）

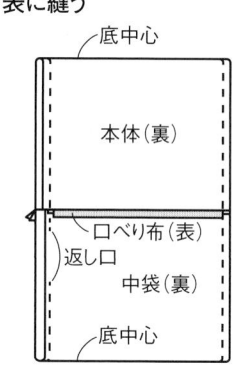

2.5　4　2.5
1.5
中心　端ミシン
0.5　アップリケ布（1枚）
5返し口　ステッチ　7
9
底中心わ
アップリケする

布をそれぞれ裁ち、アップリケする
※中袋は本体と同寸の1枚布で裁つ

2.口べり布を本体に仮どめする

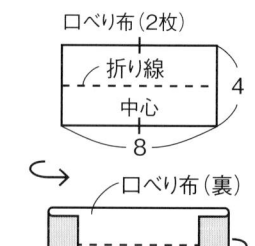

口べり布（2枚）
折り線　4
中心
8

口べり布（裏）

①口べり布の両端の
縫い代を折り込む

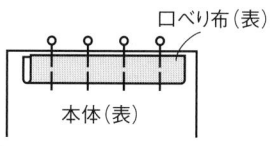

口べり布（表）
本体（表）

②口べり布外表に2つ折りにし、
本体の上下に仮どめする
※角帯の口べり布も同様に作る

3.本体と中袋を中表に縫う

本体（裏）
中袋（表）
口べり布（表）

①本体と中袋を中表に
合わせ、上下を縫う

底中心
本体（裏）
口べり布（表）
返し口
中袋（裏）
底中心

②底中心から折り、両脇を縫う

4.表に返してバネ口金をつける

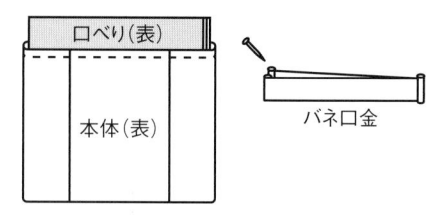

口べり（表）
本体（表）
バネ口金

①返し口から表に返し、返し口を
はしごまつりでとじる
②口に端ミシンをかけて口べり布に
バネ口金を通してネジをとめる

1.本体を裁つ

角帯のメガネケース
本体、接着キルト綿
（各1枚）

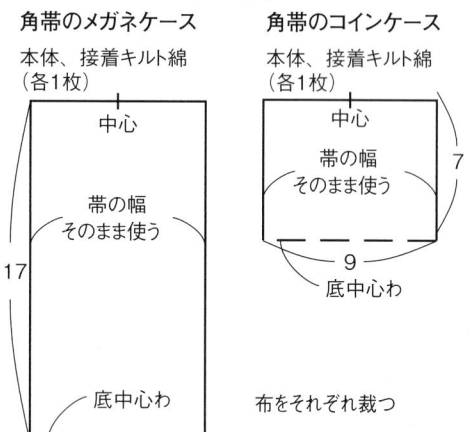

中心
帯の幅
そのまま使う
17
底中心わ
9

角帯のコインケース
本体、接着キルト綿
（各1枚）

中心
帯の幅
そのまま使う
7
9
底中心わ

布をそれぞれ裁つ

3.口べり布を入れて縫う

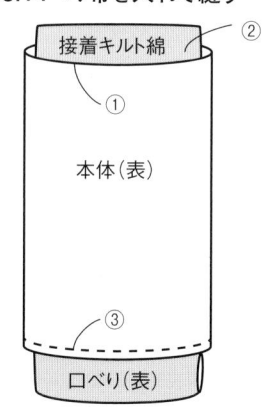

接着キルト綿　②
①
本体（表）
③
口べり（表）

①上下の縫い代を内側に折る
②接着キルト綿を入れてアイロンで貼る
③口べり布を上下に入れて縫う

4.両脇を縫ってバネ口金をつける

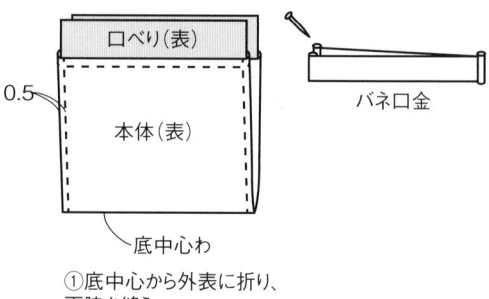

口べり（表）
0.5
本体（表）
底中心わ
バネ口金

①底中心から外表に折り、
両脇を縫う
②口べり布にバネ口金を通して
ネジをとめる

●材料
藍のゆかた地
A布、B布各35×65cm　中袋用布35×100cm

黒の喪服と絞り染め
A、C布35×90cm　B布15×65cm
中袋用布35×100cm
アップリケ用はぎれ適宜

実物大型紙

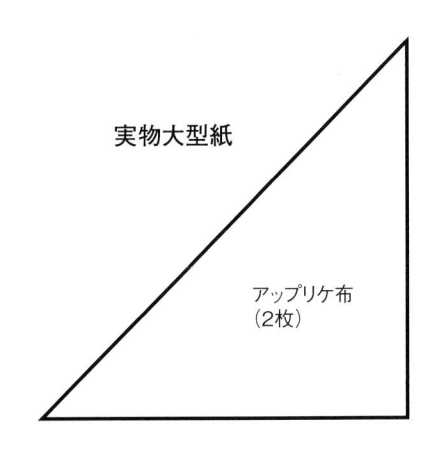

アップリケ布（2枚）

1.A布とB布を縫い合わせる

藍のゆかた地
本体、中袋（各1枚）

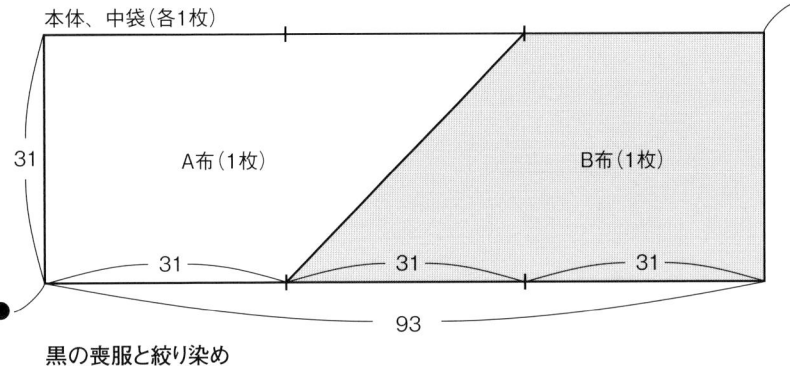

黒の喪服と絞り染め
本体、中袋（各1枚）

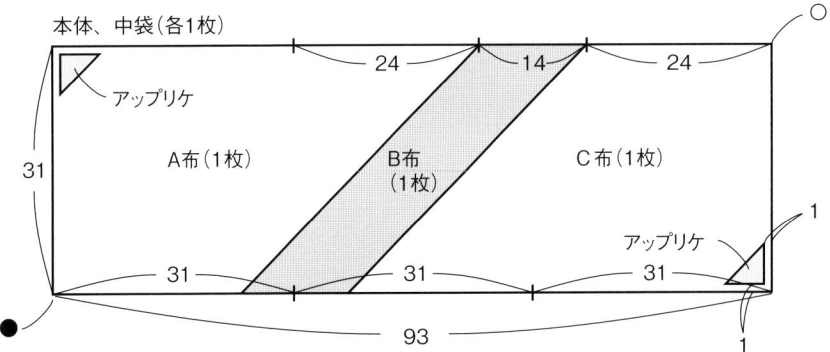

※中袋は本体と同寸の1枚布で裁つ

2.本体の左右1/3を中表に折り、下部を縫う

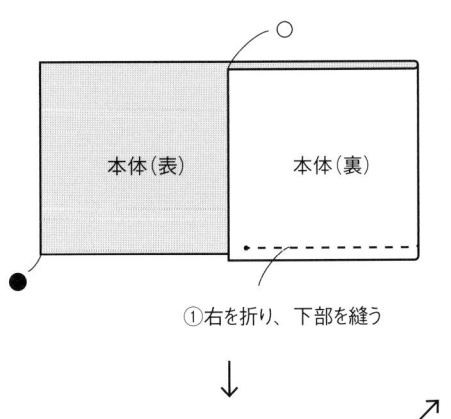

①右を折り、下部を縫う

↓

②左を折り、上部を縫う

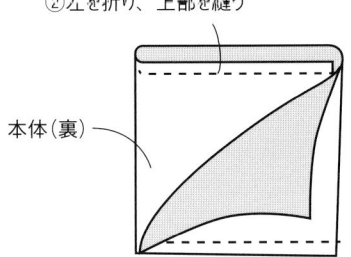

本体（裏）

③○と●を引き出し、袋の形に整える

3.マチをたたんで縫う

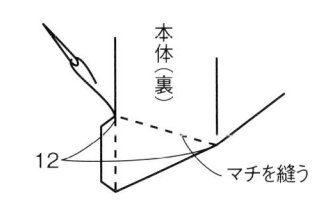

本体（裏）

12

マチを縫う

4.本体と中袋を縫う

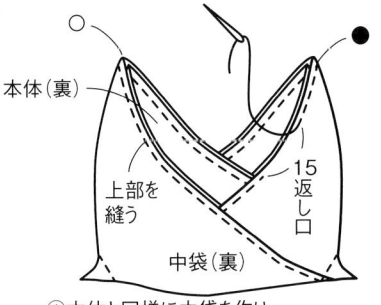

本体（裏）

上部を縫う

15返し口

中袋（裏）

①本体と同様に中袋を作り、
本体と中表に合わせて上部を縫い、
返し口から表に返し、
返し口をはしごまつりでとじる

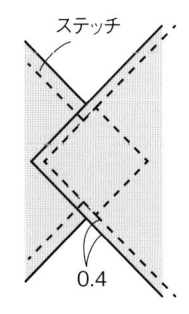

ステッチ

0.4

②上部をステッチする
③○と●を2cm重ねて縫う

●**材料**

A布30×55cm　B布15×55cm　中袋用布（内ポケット分含む）35×65cm　幅2.5×長さ35cm革製持ち手1組　直径1.8cmマグネットボタン1組

1. A布とB布を縫い合わせる

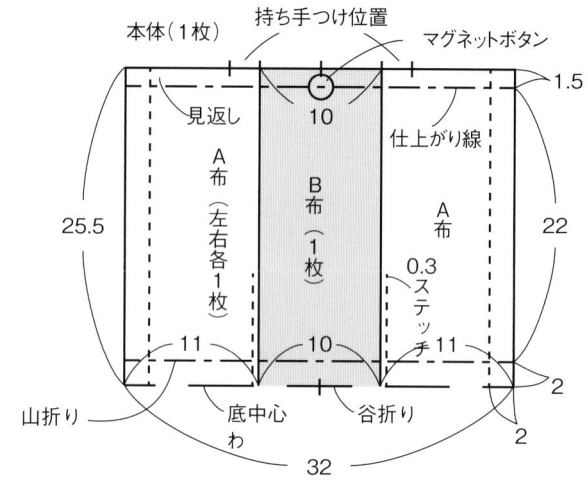

本体(1枚)　持ち手つけ位置　マグネットボタン
見返し　A布（左右各1枚）　B布（1枚）　A布　仕上がり線　1.5
25.5　22
0.3ステッチ
11　10　11
山折り　底中心　谷折り
わ　2
32　2

① 左右の脇のみ裁ち切りにし、口側は縫い代を1.5つけて裁つ
② A布とB布を縫い合わせ、縫い代はA側に倒してステッチ

2. 中袋を裁ち、内ポケットをつける

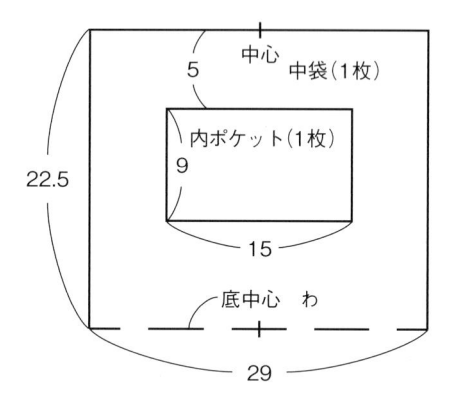

中心　中袋(1枚)
5
内ポケット(1枚)
9
22.5
15
底中心　わ
29

※内ポケットの作り方は49ページ参照

3. 本体と中袋を中袋に合わせて口を縫う

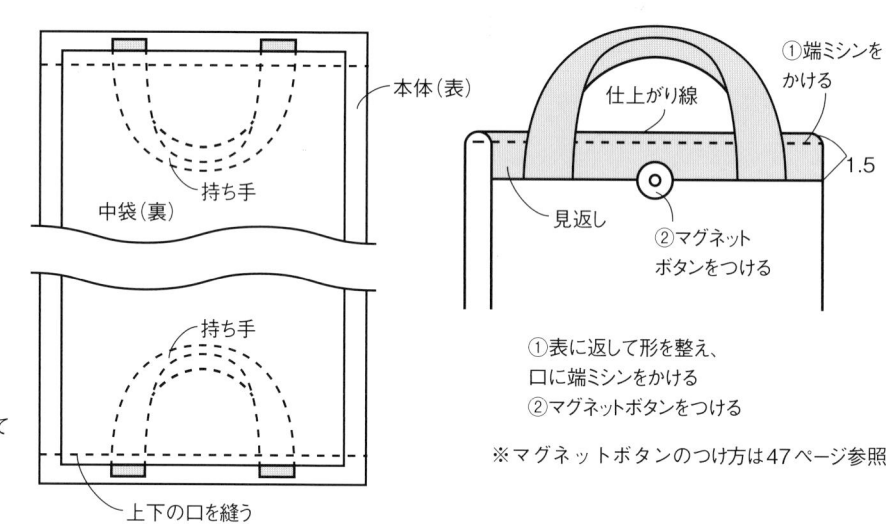

本体(表)
持ち手
中袋(裏)
持ち手
上下の口を縫う

持ち手を本体に仮どめし、本体と中袋を中表に合わせて上下の口を縫う

4. マグネットボタンをつける

①端ミシンをかける
仕上がり線　1.5
見返し　②マグネットボタンをつける

① 表に返して形を整え、口に端ミシンをかける
② マグネットボタンをつける

※マグネットボタンのつけ方は47ページ参照

5. 外表に合わせてマチをたたんで両脇を縫う

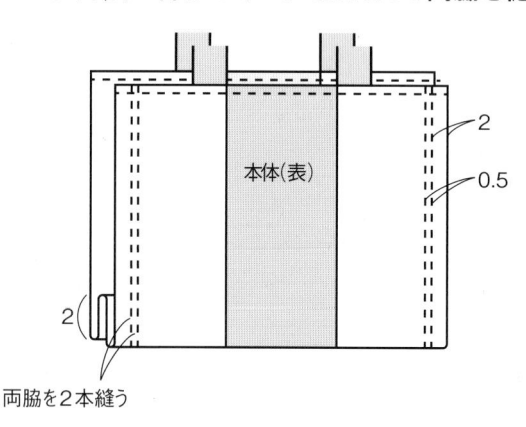

本体(表)
2
0.5
2
両脇を2本縫う

6. 両脇のたて糸を抜く

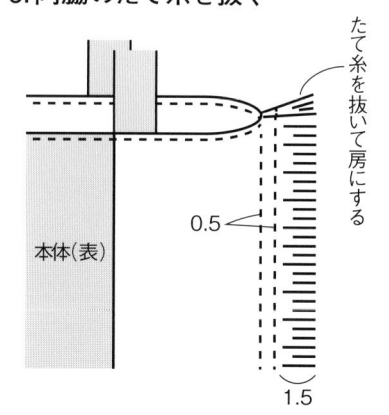

たて糸を抜いて房にする
本体(表)
0.5
1.5

●材料
A布（持ち手C布分含む）35×70cm
B布20×70cm　中袋用布（内ポケット分含む）40×80cm　パイピング布（リボン、持ち手D布分含む）35×70cm
直径1.5cmマグネットボタン1組　不織布タイプ接着芯適宜

1.A布とB布を縫い合わせる

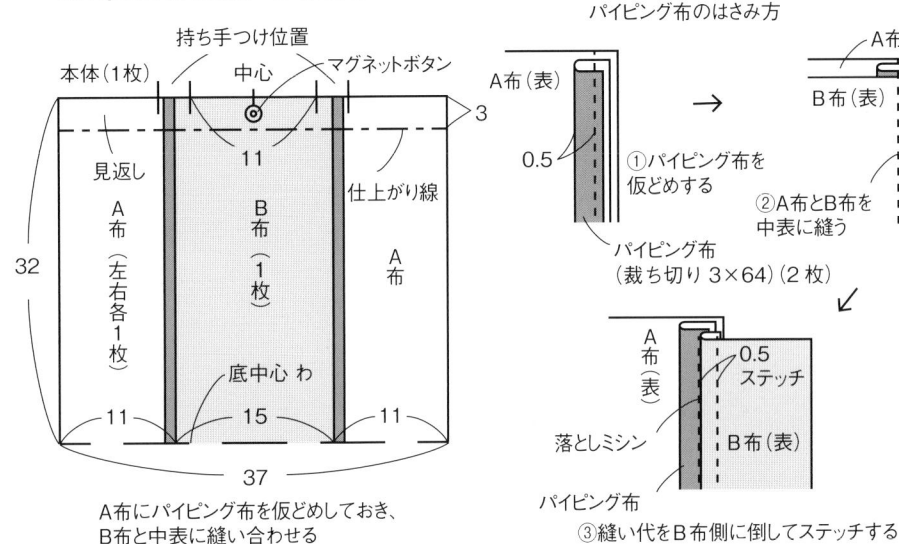

A布にパイピング布を仮どめしておき、B布と中表に縫い合わせる

パイピング布のはさみ方

①パイピング布を仮どめする
②A布とB布を中表に縫う
パイピング布（裁ち切り 3×64）（2枚）
③縫い代をB布側に倒してステッチする
0.5 ステッチ
落としミシン

2.中袋を裁ち、内ポケットをつける

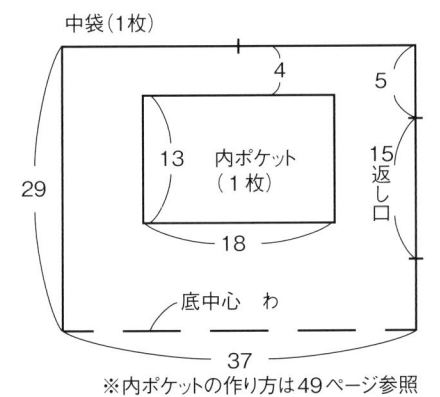

※内ポケットの作り方は49ページ参照

3.本体を中表に2つ折りして両脇を縫う

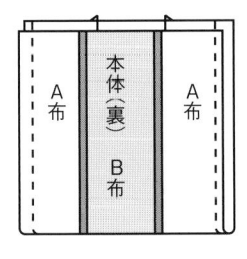

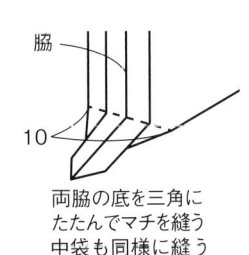

両脇の底を三角にたたんでマチを縫う
中袋も同様に縫う

4.持ち手を作る

持ち手（2本）
C布（2枚）（裁ち切り）4.5
41

41
D布（裁ち切り）（2枚）　接着芯を貼る
3

C布（表）0.8
D布（表）0.8
C布をD布でくるんでステッチする

5.持ち手を仮どめする

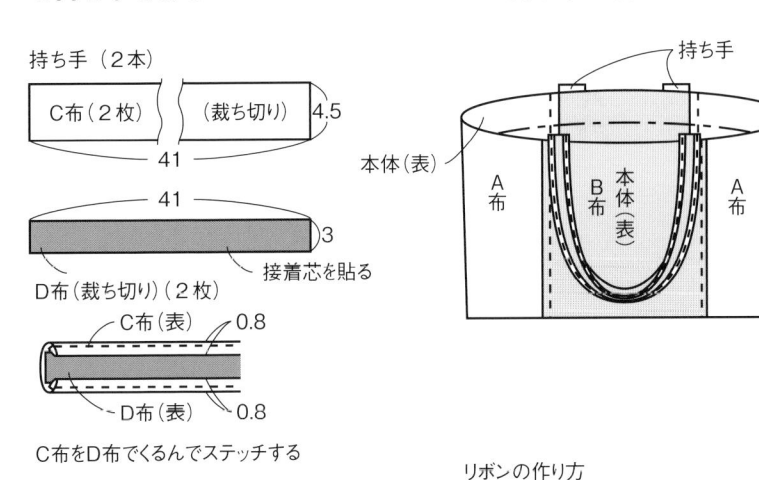

リボンの作り方
幅2cm
バイアステープ
0.5
30

バイアステープを2つ折りして縫い、縫い代を0.3にカットする

（表）

表に返して両端の縫い代を中に入れ込んでループを作る

※ループの作り方は46ページ参照
※マグネットボタンのつけ方は47ページ参照
※バイアステープの裁ち方は49ページ参照

6.本体と中袋を中表に合わせて口を縫う

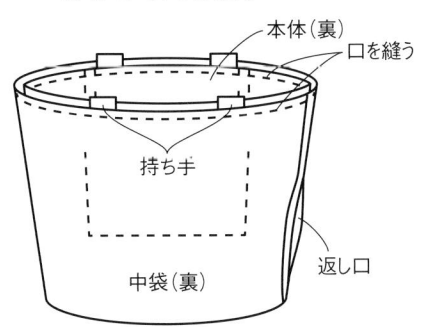

①中袋を返し口を残して本体同様に仕立て、本体と中表に重ねて口を縫う
②返し口から表に返す

7.口に端ミシンをかけ、リボンをつける

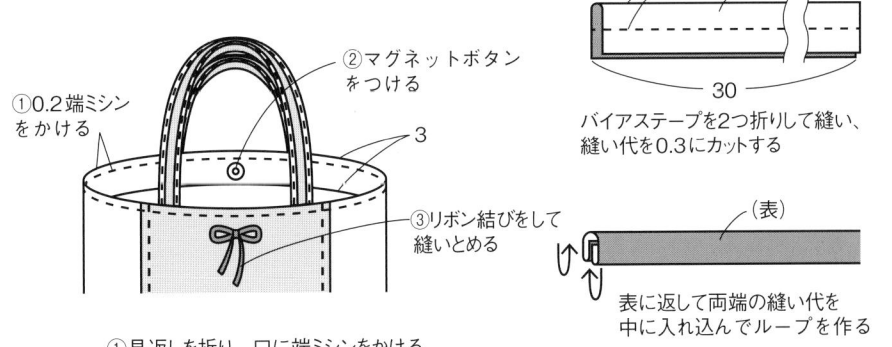

①0.2端ミシンをかける
②マグネットボタンをつける
③リボン結びをして縫いとめる
3

①見返しを折り、口に端ミシンをかける
②マグネットボタンをつけ、返し口をはしごまつりでとじる
③リボンを作ってつける

●**材料**
本体用布70×45cm　持ち手用布15×40cm　中袋用布(内ポケット分含む)35×100cm　直径1.5㎝マグネットボタン1組

1.本体と中袋の布を裁つ

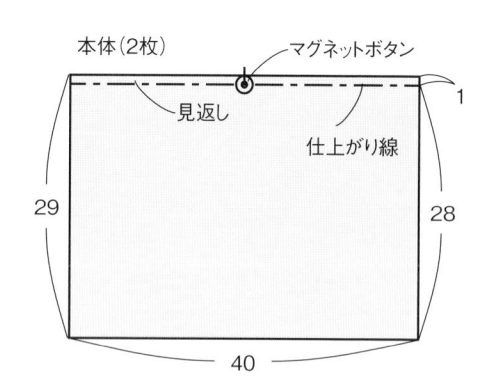

本体(2枚)
マグネットボタン
見返し
仕上がり線
1
29
28
40

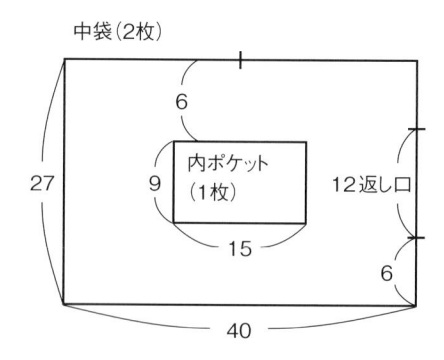

中袋(2枚)
6
内ポケット(1枚)
9
12返し口
27
15
6
40

中袋の1枚には内ポケットをつけておく
※内ポケットの作り方は49ページ参照

2.本体を2枚中表に合わせて縫う

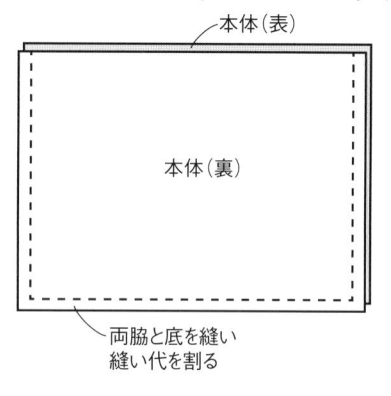

本体(表)
本体(裏)
両脇と底を縫い
縫い代を割る

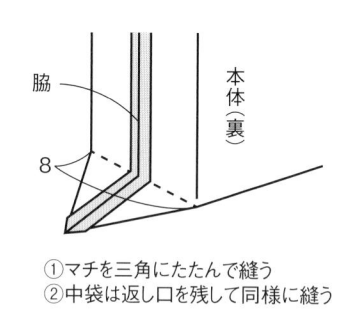

脇
本体(裏)
8
①マチを三角にたたんで縫う
②中袋は返し口を残して同様に縫う

3.本体と中袋を中表に合わせて口を縫う

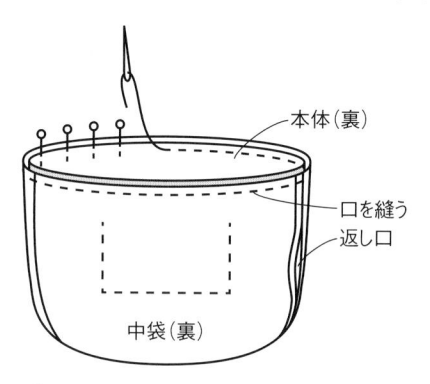

本体(裏)
口を縫う
返し口
中袋(裏)
①本体と中袋を合わせて口を縫う
②返し口から全体を表に返す

4.見返しを折って端ミシンをかけ、マグネットボタンをつける

中袋(表)
②マグネットボタンをつける
①端ミシンをかける
見返し
本体(表)
①見返しを折って口に端ミシンをかける
②マグネットボタンをつける
③返し口をはしごまつりでとじる

※マグネットボタンのつけ方は
47ページ参照

5.持ち手を作り、両脇に縫いつける

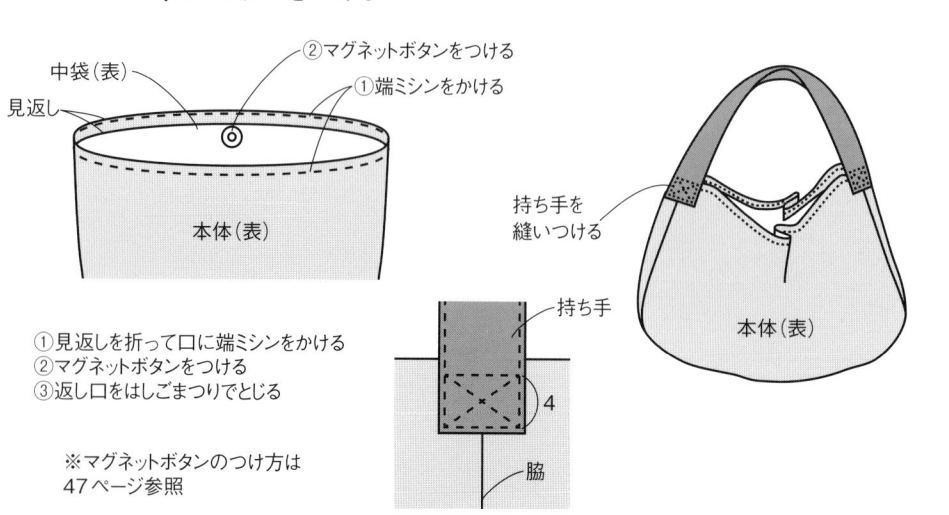

持ち手を
縫いつける
本体(表)
持ち手
4
脇

持ち手の作り方
持ち手(表布・裏布各1枚)
4.5
36
裏布(表)
①表布と裏布を中表に
合わせて筒状に縫う
②両端の縫い代を折り込んで
端ミシンをかける

●**材料(1点分)**
本体用布35×35cm　長さ14cmバネ口
金1個　長さ1〜2cm木製ボタン1個(ま
たは0.3cm幅リボン用コード18cm)

1.本体の布を裁ち、上下の角を始末する

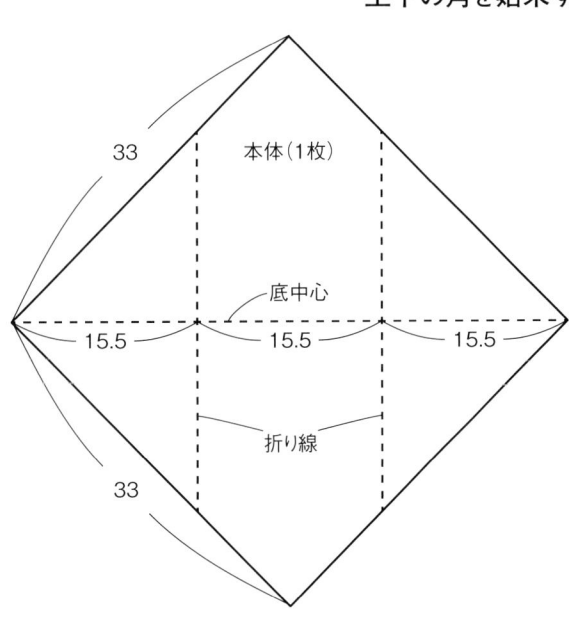

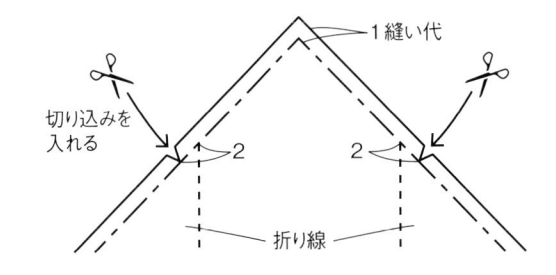

①折り線から2cmの縫い代に切り込みを入れる

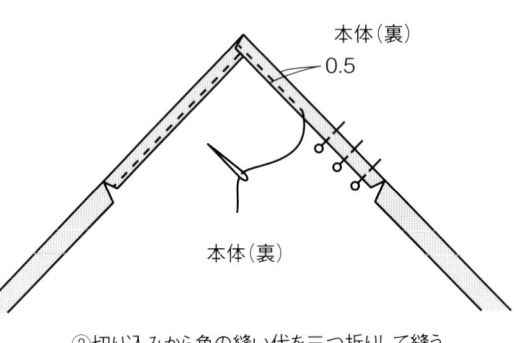

②切り込みから角の縫い代を三つ折りして縫う

2.3つ折りして縫う

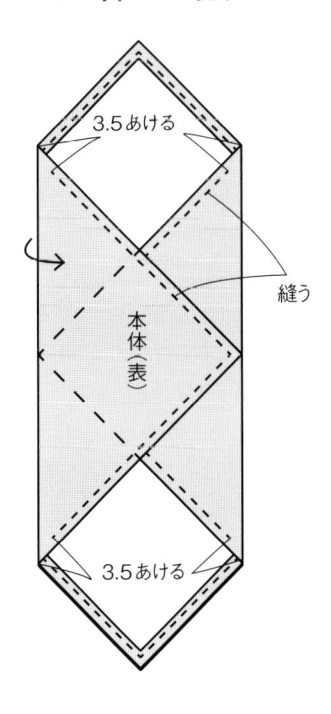

3.上下を折って口を縫う

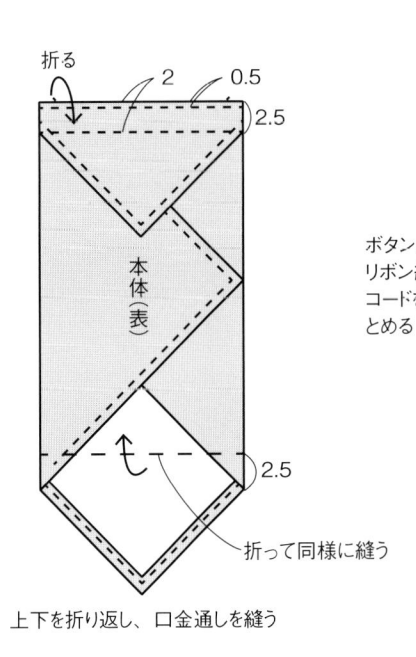

上下を折り返し、口金通しを縫う

4.両脇を縫い、バネ口金を通す

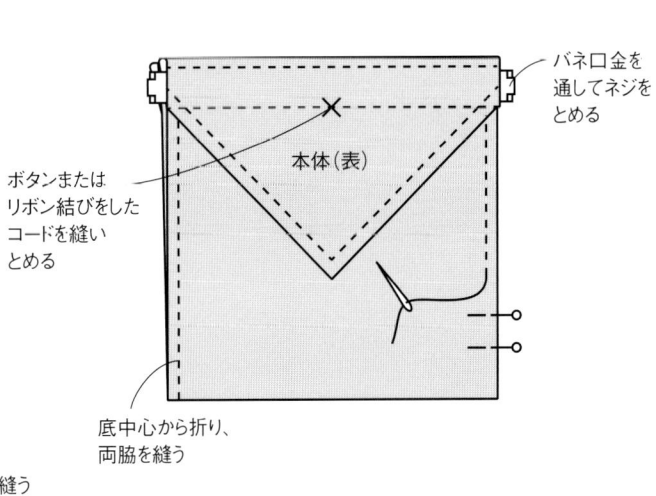

●材料(1点分)
本体用布、接着芯各30×25cm　内布
用布(縫い代始末用布分含む)30×30
cm　タブ用布10×10cm　20cmファス
ナー1本　幅1cm羽織紐20cm

1.本体と内布にファスナーをはさんで中表に縫う

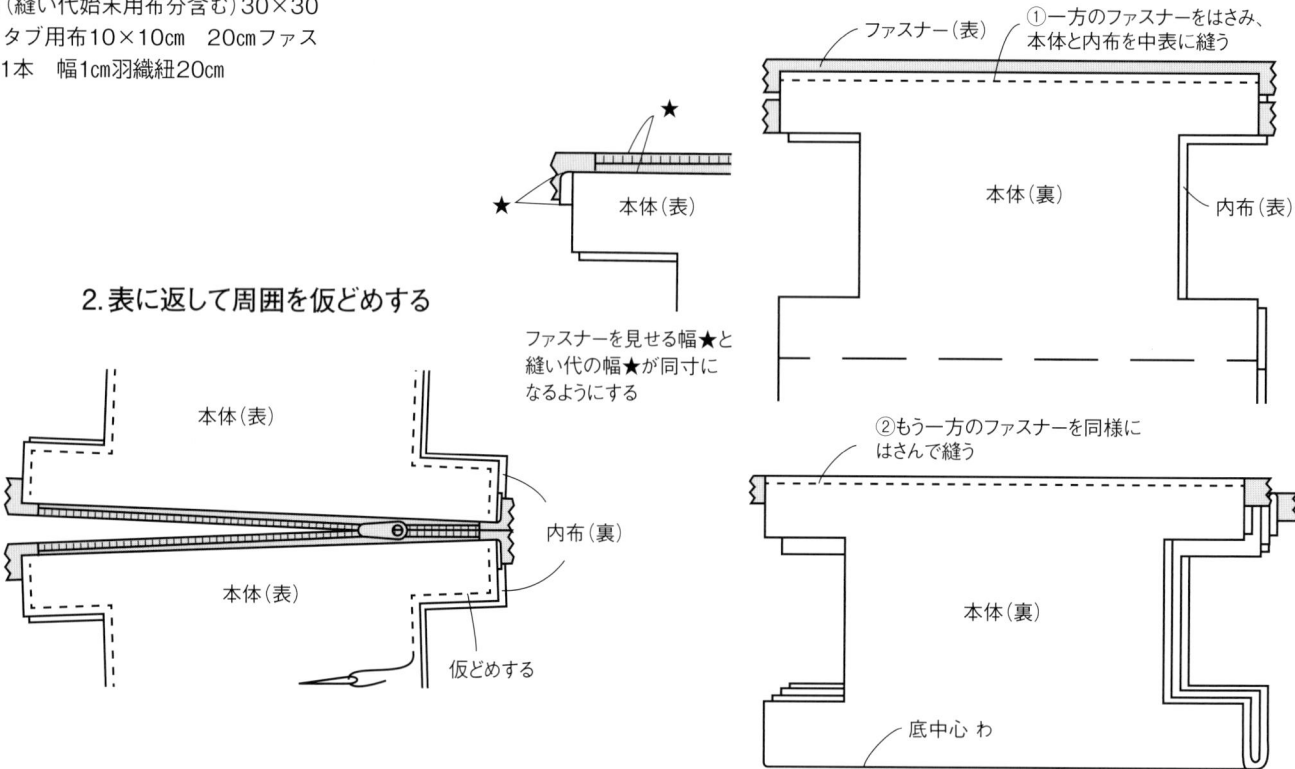

ファスナー(表)

①一方のファスナーをはさみ、
本体と内布を中表に縫う

★

★

本体(表)

本体(裏)

内布(表)

ファスナーを見せる幅★と
縫い代の幅★が同寸に
なるようにする

②もう一方のファスナーを同様に
はさんで縫う

本体(裏)

底中心 わ

2.表に返して周囲を仮どめする

本体(表)

本体(表)

内布(裏)

仮どめする

3.タブをはさんで縫う

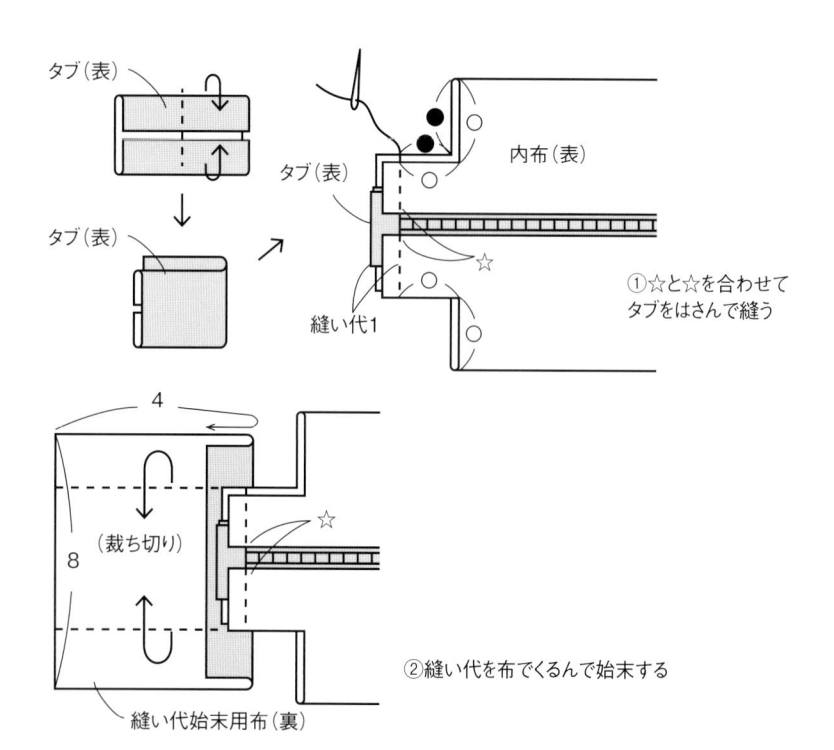

タブ(表)

タブ(表)

タブ(表)

内布(表)

縫い代1

☆

①☆と☆を合わせて
タブをはさんで縫う

4

(裁ち切り)

8

☆

②縫い代を布でくるんで始末する

縫い代始末用布(裏)

4.合印同士を合わせて縫う

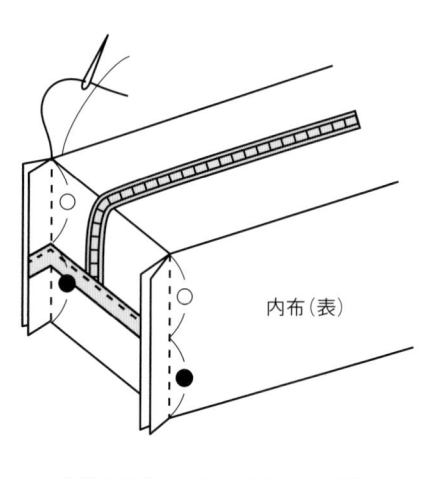

内布(表)

合印の○●△▲同士を合わせて縫い、
縫い代を布でくるんで始末する

5.ファスナー飾りをつける

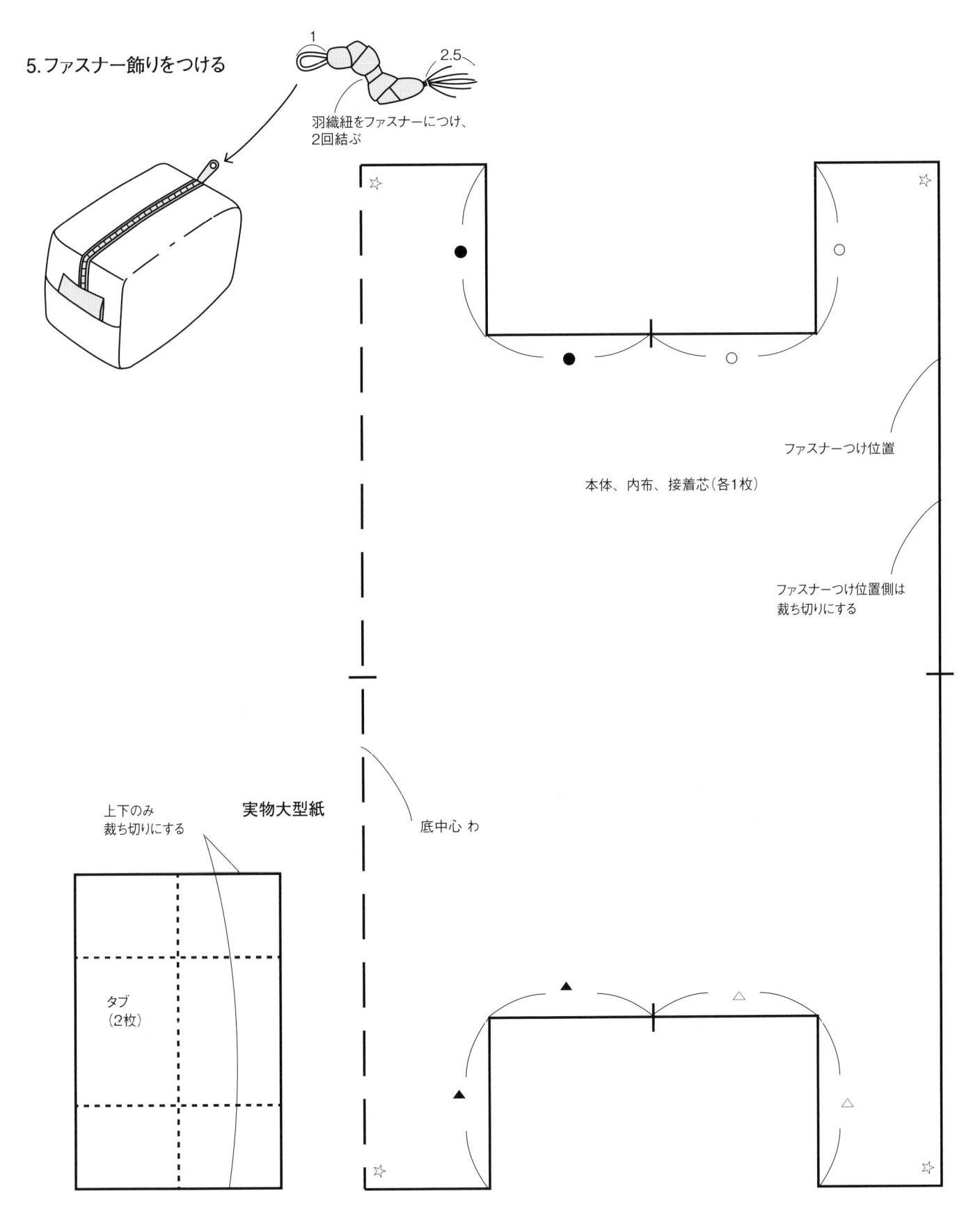

羽織紐をファスナーにつけ、
2回結ぶ

本体、内布、接着芯（各1枚）

ファスナーつけ位置

ファスナーつけ位置側は
裁ち切りにする

底中心 わ

上下のみ
裁ち切りにする

実物大型紙

タブ
（2枚）

●**材料**
顔用布30×10cm　胴用布（ふた分含む）30×20cm　中袋用布、接着キルト綿各30×25cm　くちばし用布適宜　幅1.5cmレース30cm　直径1.5cmボタン（黒）2個　直径1cmスナップボタン1組

1. 顔にレースをつける

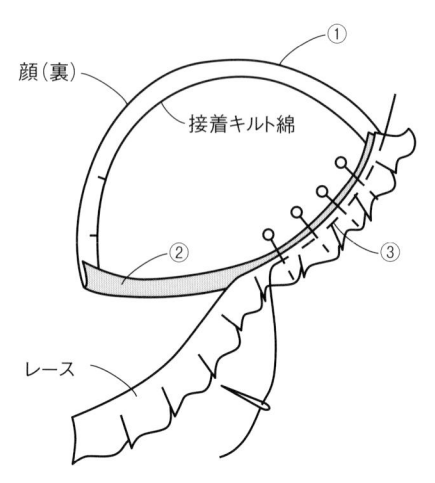

①顔に接着キルト綿を貼る
②縫い代を折る
③レースを仮どめする
このとき接着キルト綿も一緒に縫いとめておく

2. 顔を胴にのせて縫いつける

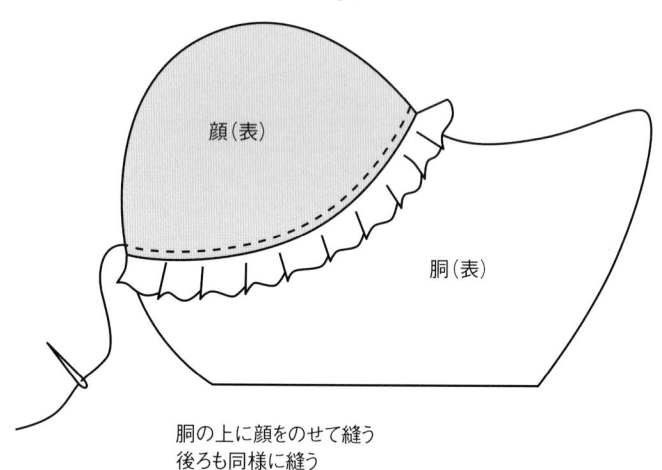

胴の上に顔をのせて縫う
後ろも同様に縫う

3. 前と後ろを縫う

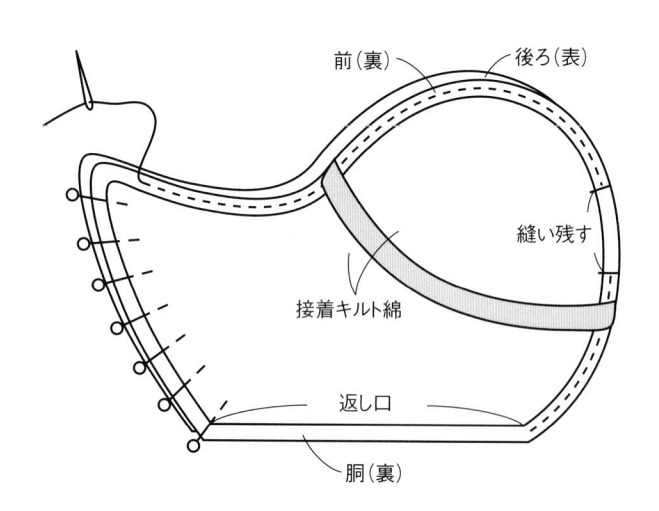

①前と後ろを中表に合わせて袋に縫い、胴に接着キルト綿を貼る
②中袋は顔と胴を合わせた1枚布で裁ち、返し口を残して同様に縫う

4. ふたを仮どめする

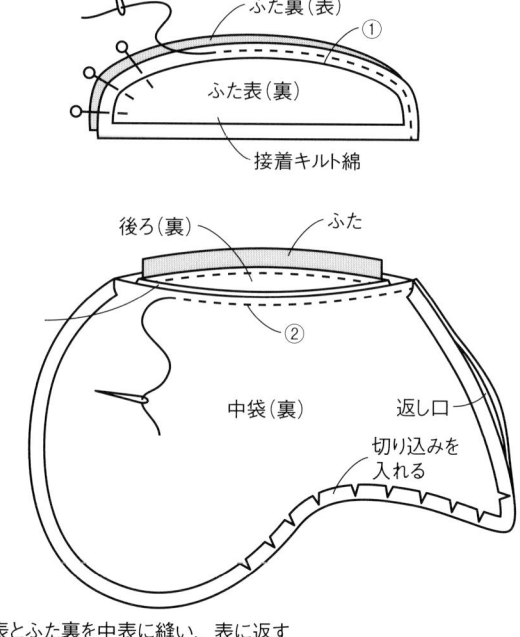

①ふた表とふた裏を中表に縫い、表に返す
②前・後ろと中袋を中表に合わせてふたをはさんで口を縫う

※後ろ、ふた表、ふた裏にも接着芯を貼って仕立てる

5.くちばしと目をつける

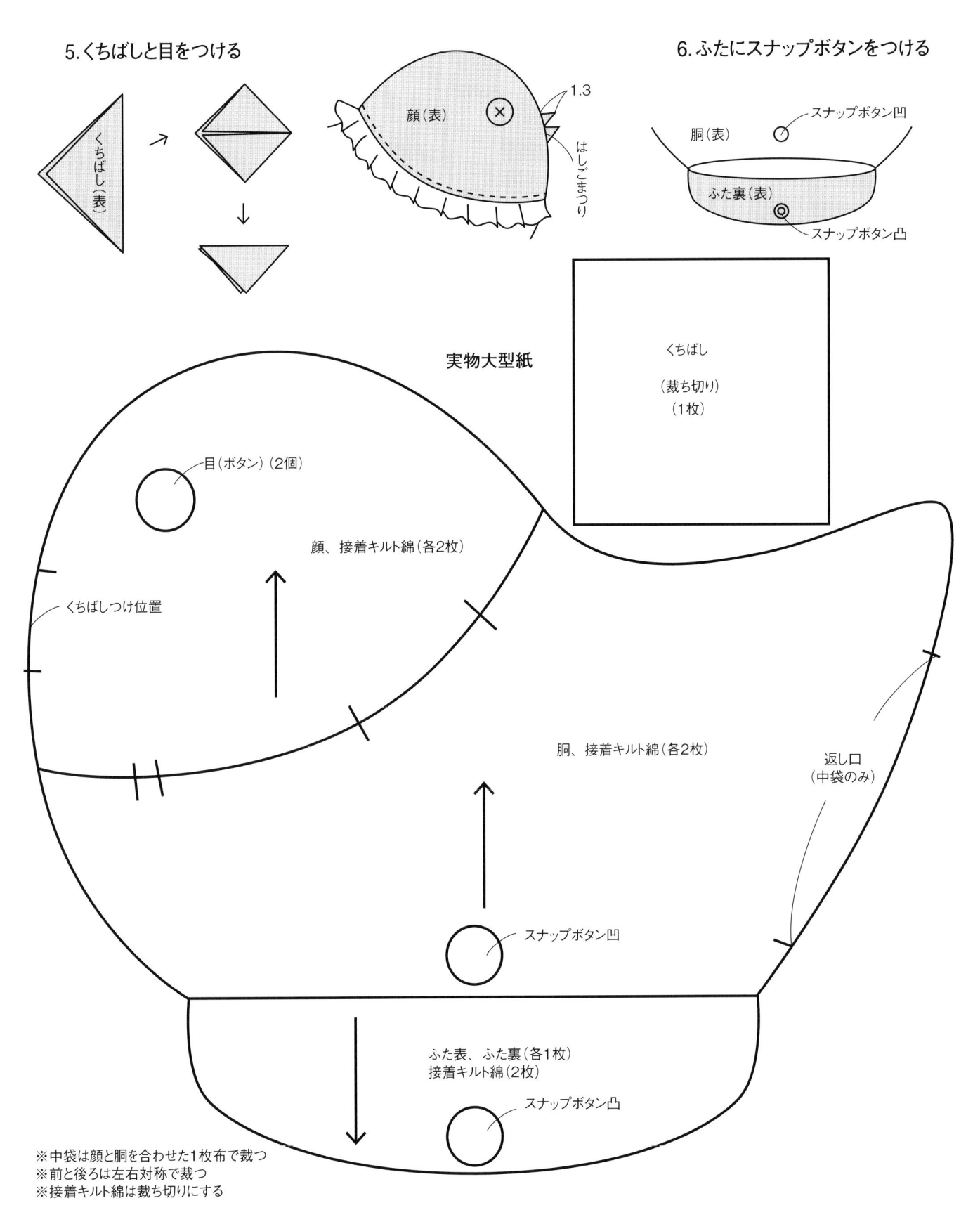

くちばし（表）

顔（表）
はしごまつり
1.3

6.ふたにスナップボタンをつける

胴（表）
スナップボタン凹
ふた裏（表）
スナップボタン凸

実物大型紙

くちばし
（裁ち切り）
（1枚）

目（ボタン）（2個）

顔、接着キルト綿（各2枚）

くちばしつけ位置

胴、接着キルト綿（各2枚）

返し口
（中袋のみ）

スナップボタン凹

ふた表、ふた裏（各1枚）
接着キルト綿（2枚）

スナップボタン凸

※中袋は顔と胴を合わせた1枚布で裁つ
※前と後ろは左右対称で裁つ
※接着キルト綿は裁ち切りにする

61

◉材料
本体用帯地(持ち手布分含む)33×90cm パイピング用布(持ち手つけ布B布分含む)35×20cm 中袋用布(内ポケット分含む)、接着芯各33×110cm 幅12.5cm木製持ち手1組

1.持ち手つけ布を作る

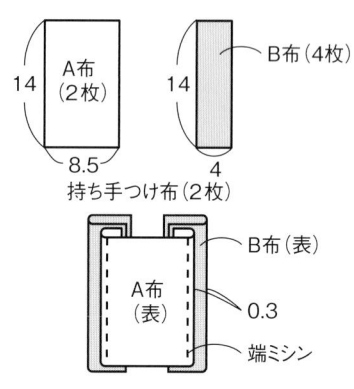

A布(2枚) 14 8.5
B布(4枚) 14 4
持ち手つけ布(2枚)

B布(表)
A布(表)
0.3
端ミシン

A布の両端の縫い代を折り、2つ折りにしたB布を重ねて端ミシン

3.持ち手つけ布を仮どめする

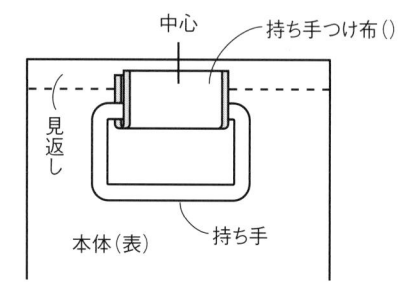

中心
持ち手つけ布()
見返し
本体(表)
持ち手

4.本体と中袋を中表に合わせて口を縫う

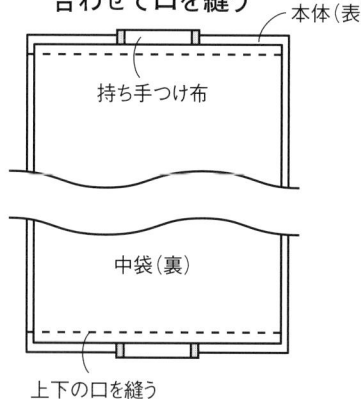

本体(表)
持ち手つけ布
中袋(裏)

上下の口を縫う

2.本体と中袋を裁つ

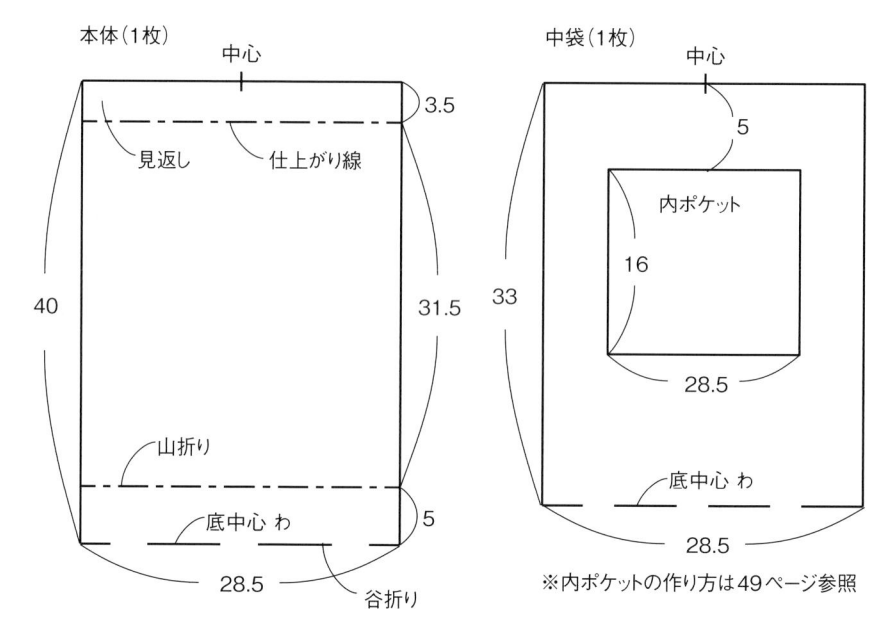

本体(1枚) 中心
見返し 仕上がり線
3.5
40
31.5
山折り
底中心 わ 5
28.5
谷折り

中袋(1枚) 中心
5
内ポケット
16
33
28.5
底中心 わ
28.5

※内ポケットの作り方は49ページ参照

※持ち手つけ布は、市販の持ち手幅に合わせて幅を調整する

5.見返しを折り、口に端ミシンをかける

見返し
持ち手つけ布
中袋(表)
仕上がり線

6.両脇を縫う

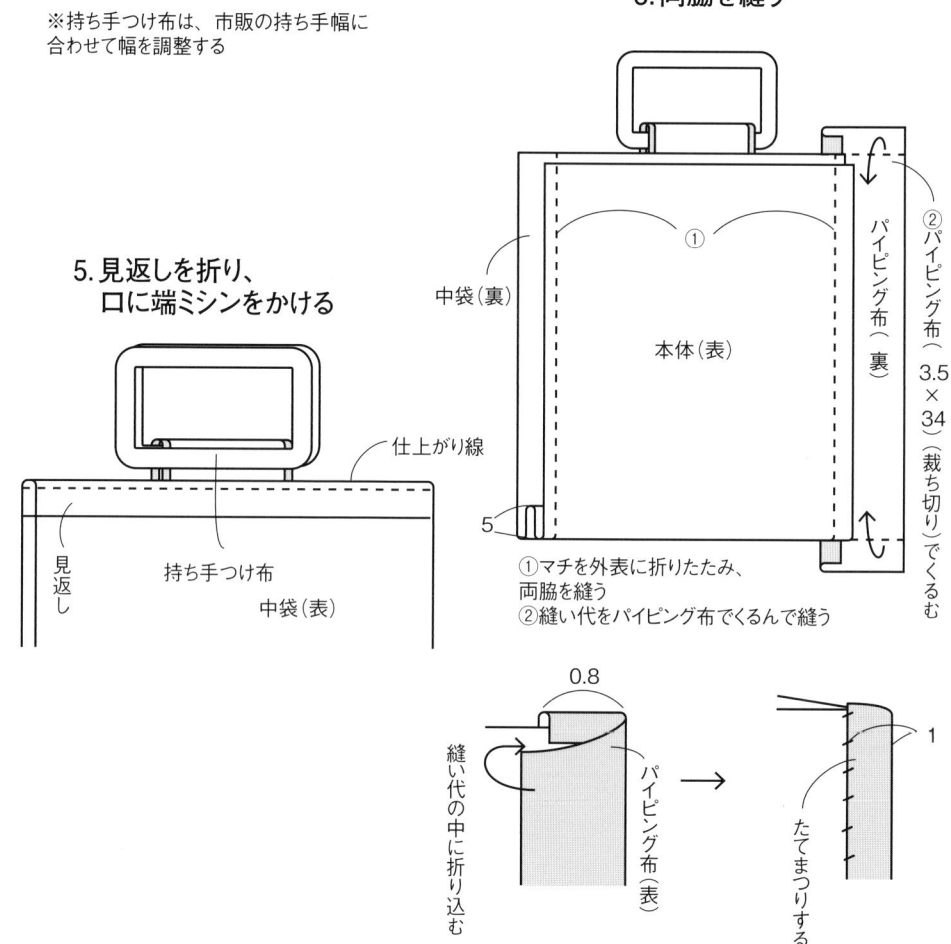

中袋(裏)
①
本体(表)
パイピング布(裏)
②パイピング布(3.5×34)(裁ち切り)でくるむ
5

①マチを外表に折りたたみ、両脇を縫う
②縫い代をパイピング布でくるんで縫う

0.8
縫い代の中に折り込む
パイピング布(表)
1
たてまつりする

昔着物の台形ポーチ

●**材料(1点分)**
本体用布30×40cm　中袋用布
(内ポケット分含む)30×50cm
長さ14cmバネ口金1個

1. 前・後ろを裁つ

結城紬　前(1枚)

A布

B布

11.5

4

ウール　前(1枚)

6

1.5

4.5 アップリケ

※後ろは1枚布で裁つ

2. 前・後ろと中袋を縫う

中袋(裏)

② 中袋(表)

① あきどまり

② 前(表)

後ろ(裏)

② あきどまり

① 本体と内ポケットをつけた中袋をそれぞれ中表に合わせ、口を縫う。
② ①の2枚を中表に合わせ、あきどまりを残して3辺を縫う。

3. マチをたたんで縫う

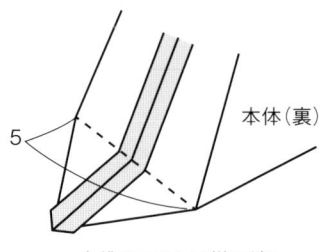

5

本体(裏)

中袋のマチも同様に縫う

実物大型紙

仕上がり線

中袋(2枚)

あきどまり

前・後ろ
(各1枚)

わ

内ポケット(1枚)

マチ

※内ポケットの作り方は49ページ参照

4. バネ口金をつける

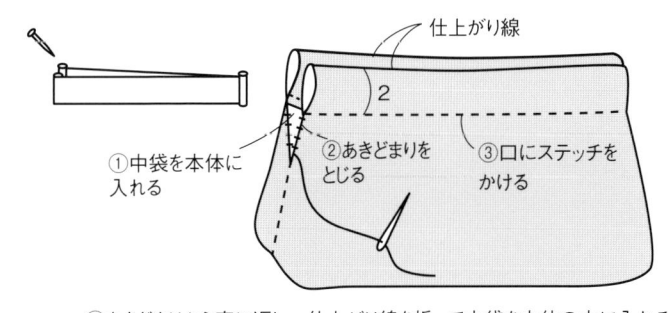

仕上がり線

2

①中袋を本体に入れる
②あきどまりをとじる
③口にステッチをかける

①あきどまりから表に返し、仕上がり線を折って中袋を本体の中に入れる
②あきどまりをはしごまつりでとじる
③口にステッチをかけてバネ口金をつける

●材料

A布用幅50cm前掛け(後ろポケット、パイピング、タブ分含む)1枚
B布、C布(持ち手分含む)100×70cm　中袋用布110×60cm　内ポケット用布50×40cm　30cmファスナー1本　直径1.8cmマグネットボタン1組

①外ポケットA布の左右にB布を中表に合わせて縫い、内布と外表に合わせて口をパイピング布でくるみ、本体のB布に縫いつける
②本体の A 布、B 布、C 布を中表に縫い合わせる

1.A布、B布、C布を縫い合わせる

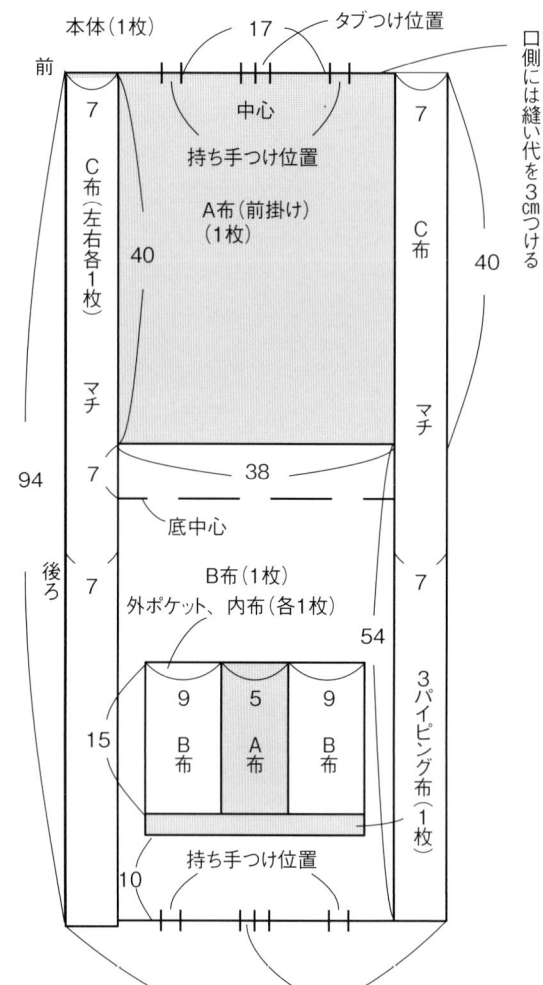

本体(1枚)
前
17　タブつけ位置
中心
持ち手つけ位置
7
C布(左右各1枚)
A布(前掛け)(1枚)
40
マチ
94
7
38
底中心
後ろ
7
B布(1枚)
外ポケット、内布(各1枚)
15
9 B布　5 A布　9 B布
持ち手つけ位置
10
52
C布
40
マチ
7
54
3 パイピング布(1枚)
タブつけ位置
口側には縫い代を3cmつける

2. 中袋と内ポケットA・Bを裁つ

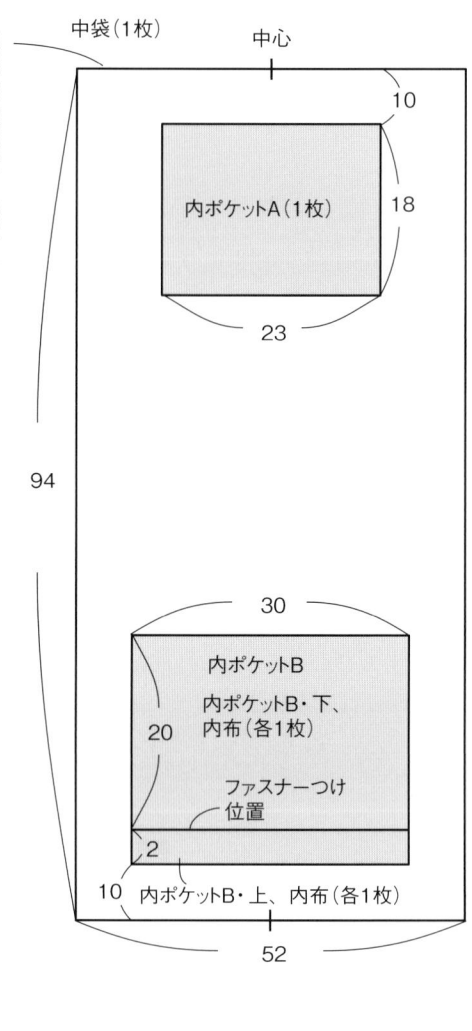

中袋(1枚)
中心
10
内ポケットA(1枚)
18
23
94
30
内ポケットB
内ポケットB・下、内布(各1枚)
20
ファスナーつけ位置
2
10　内ポケットB・上、内布(各1枚)
52

3.内ポケットAを作る

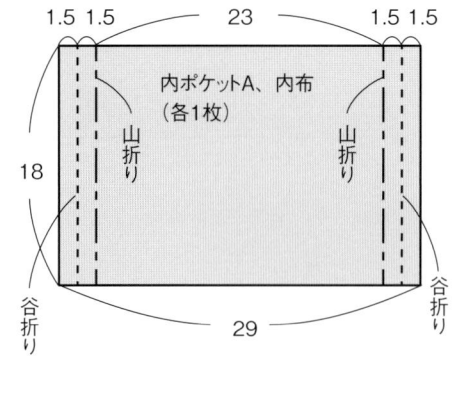

1.5 1.5　23　1.5 1.5
内ポケットA、内布(各1枚)
山折り　山折り
18
谷折り　谷折り
29

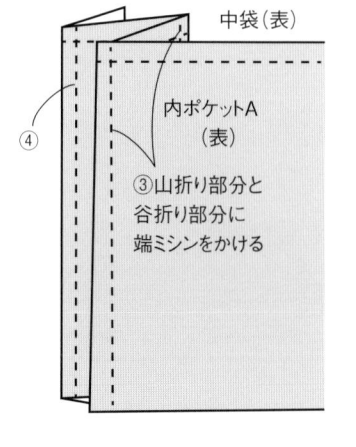

内ポケットA(表)
① 内布(裏)
①内ポケットAと同寸の内布を中表に合わせて口を縫う

内ポケットA(表)　0.3
② 内布(表)
②内ポケットAの見返しを0.3cm折り、表から口にステッチをかける

中袋(表)
④ 内ポケットA(表)
③山折り部分と谷折り部分に端ミシンをかける

③両脇の山折りと谷折り部分にそれぞれ端ミシンをかける
④中袋にのせて脇を縫う

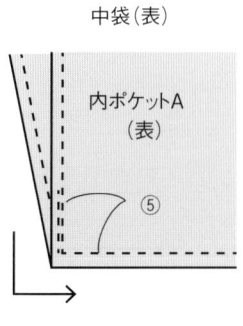

中袋(表)
内ポケットA(表)
⑤
⑤底を内側に折り込み、内ポケットの底をカギ型に縫う

4. 内ポケットBを作る

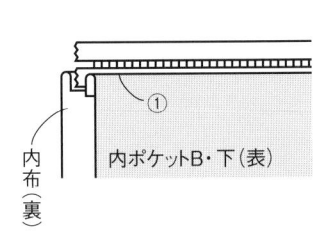 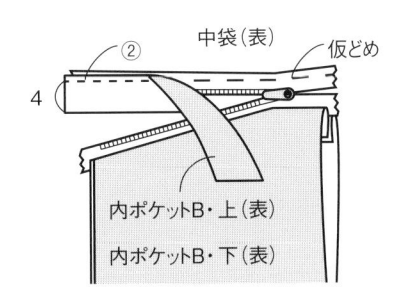 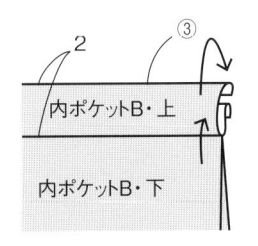 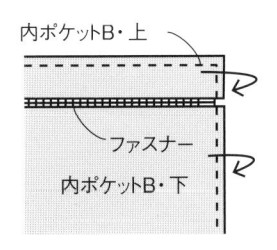

①内ポケットB・下に
同寸の内布を中表に合わせて
ファスナーをはさんで縫う

②中袋にファスナーを仮どめし、
内ポケットB・上を重ねて縫う

③内ポケットB・上を
上に折り、
縫い代を折り込む

④4辺を内側に
折り込んで中袋にのせて
端ミシンをかける

5. 本体と中袋を袋に縫う

6. 口のパイピング布と持ち手とタブを作る

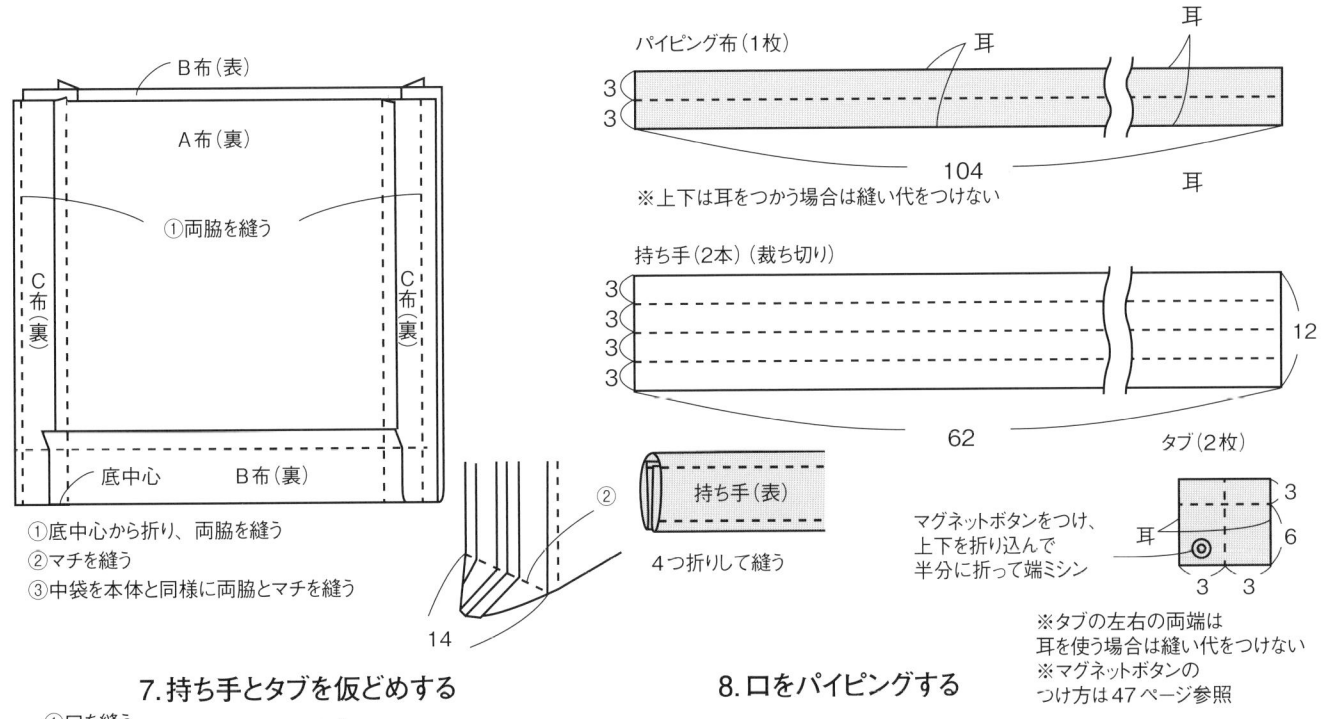

①底中心から折り、両脇を縫う
②マチを縫う
③中袋を本体と同様に両脇とマチを縫う

※上下は耳をつかう場合は縫い代をつけない

4つ折りして縫う

マグネットボタンをつけ、
上下を折り込んで
半分に折って端ミシン

※タブの左右の両端は
耳を使う場合は縫い代をつけない
※マグネットボタンの
つけ方は47ページ参照

7. 持ち手とタブを仮どめする

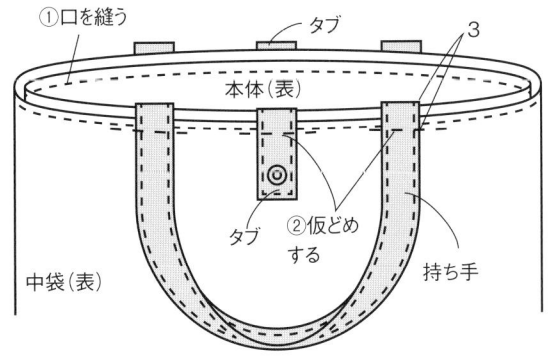

①本体と中袋を外表に重ねて口を縫う
②持ち手とタブを仮どめする

8. 口をパイピングする

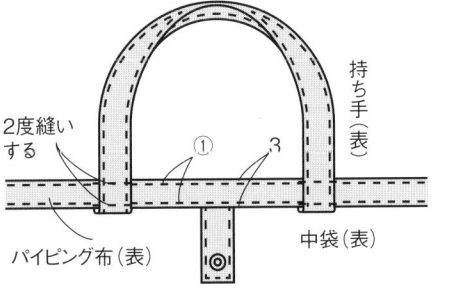

①パイピング布を輪に縫っておき、
口を縫い代をはさんで上下を縫う
②持ち手を起こして2度縫いする

パイピング布と留め布は前掛けの
ひもをほどいて使う
ない場合は3cm幅の綾テープを
2本使ってはさんで縫う

●**材料（1点分）**

黒2種
A用ちりめん15×5cm　B用ちりめん12×5cm
厚紙12×10cm　長さ9cmバレッタ金具1個　接着
キルト綿10×2cm

赤
A用ちりめん、接着キルト綿各15×5cm　厚紙10
×5cm　長さ9cmバレッタ金具1個　直径2cmくるみ
ボタンキット4個　くるみボタン用はぎれ適宜

1.厚紙をくるんでA布（またはC布）を作る

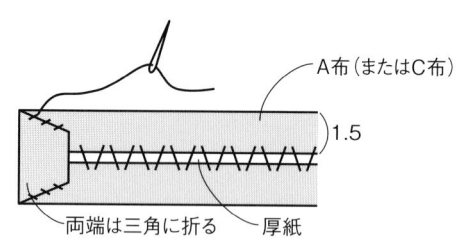

両端は三角に折る　　厚紙　　A布（またはC布）　1.5

2.バレッタ金具をつける

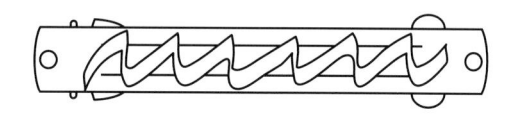

①バレッタ金具にボンドをつける

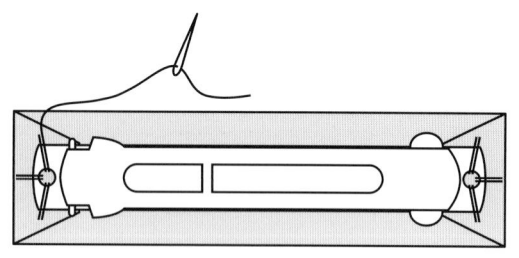

②A布（またはC布）を縫いつける

表に出ないように
布をすくう

3.飾りをつける

赤

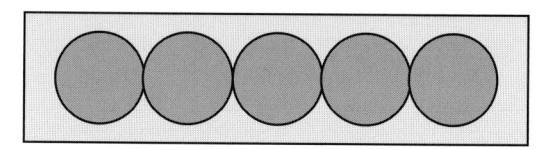

くるみボタンをボンドでつける
※くるみボタンの作り方は48ページ参照

黒二種

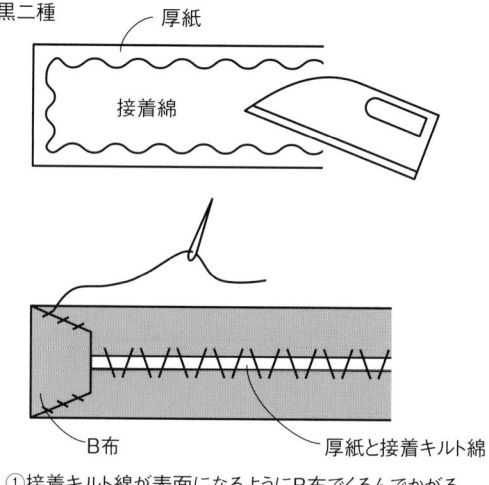

厚紙　接着綿　B布　厚紙と接着キルト綿

①接着キルト綿が表面になるようにB布でくるんでかがる

B布

②接着キルト綿が表面になるようにB布でくるんでかがる

実物大型紙

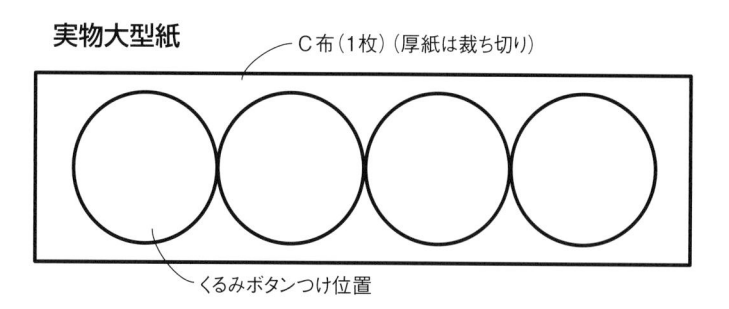

C布（1枚）（厚紙は裁ち切り）

くるみボタンつけ位置

A布（1枚）（厚紙は裁ち切り）

B布（1枚）（厚紙・接着キルト綿は裁ち切り）

◉材料（1点分）
本体用布30×20㎝　内布用布20×90㎝
厚手接着芯45×20㎝

1.本体の両側に内布Aと内布Bを縫い合わせ、折り線を折る

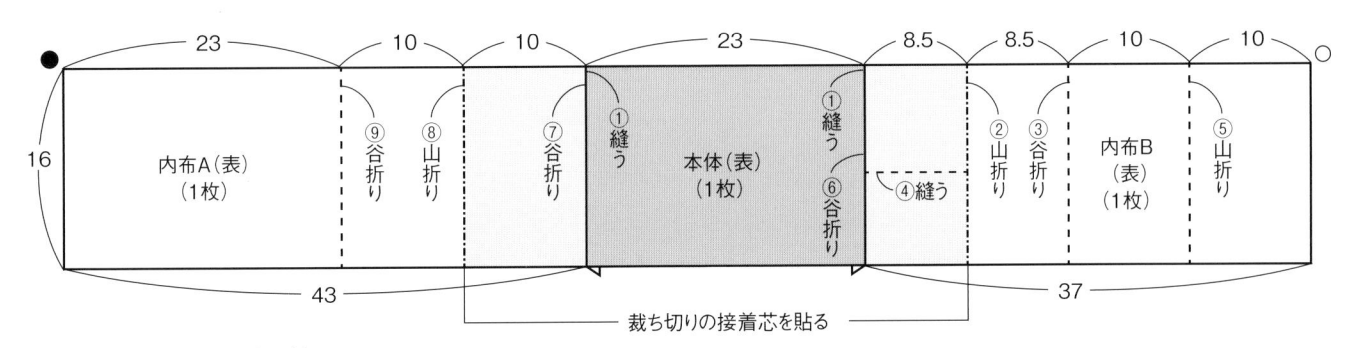

※表から見て番号順に折りたたむ

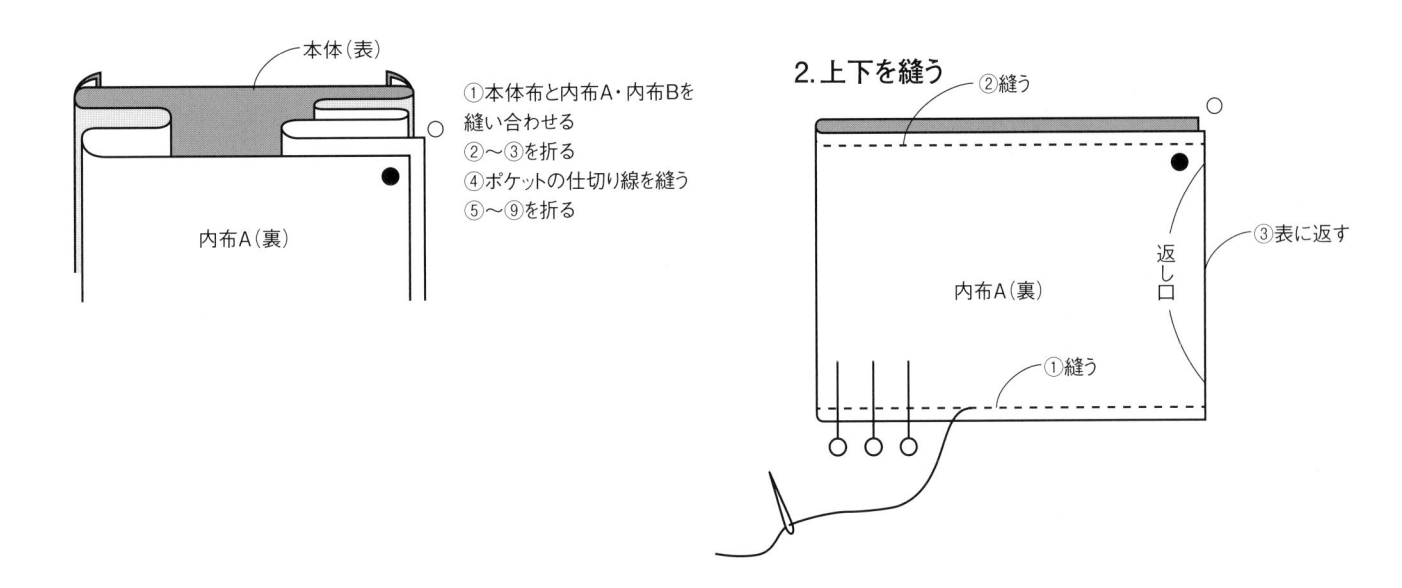

①本体布と内布A・内布Bを
縫い合わせる
②〜③を折る
④ポケットの仕切り線を縫う
⑤〜⑨を折る

2.上下を縫う

3 表に返す

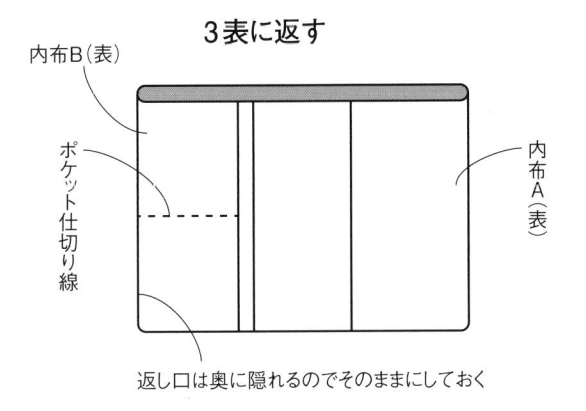

返し口は奥に隠れるのでそのままにしておく

4.アイロンで形を整える

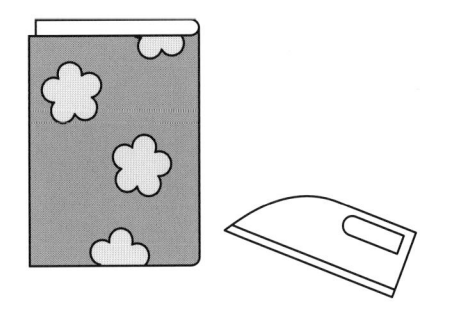

●材料

丸底バッグ
本体用布、接着キルト綿各30×70cm
中袋用布（内ポケット分含む）30×85
cm　フェイクファー（黒）55×10cm
幅3cm持ち手用アクリルテープ80cm
直径1.8cmマグネットボタン1組

ポーチ
本体用布30×40cm　中袋用布（内ポ
ケット、バイアステープ分含む）30×
80cm　20cmファスナー1本　直径0.5
cmビーズ（黒）1個　黒糸適宜

1.本体と中袋の布を裁つ

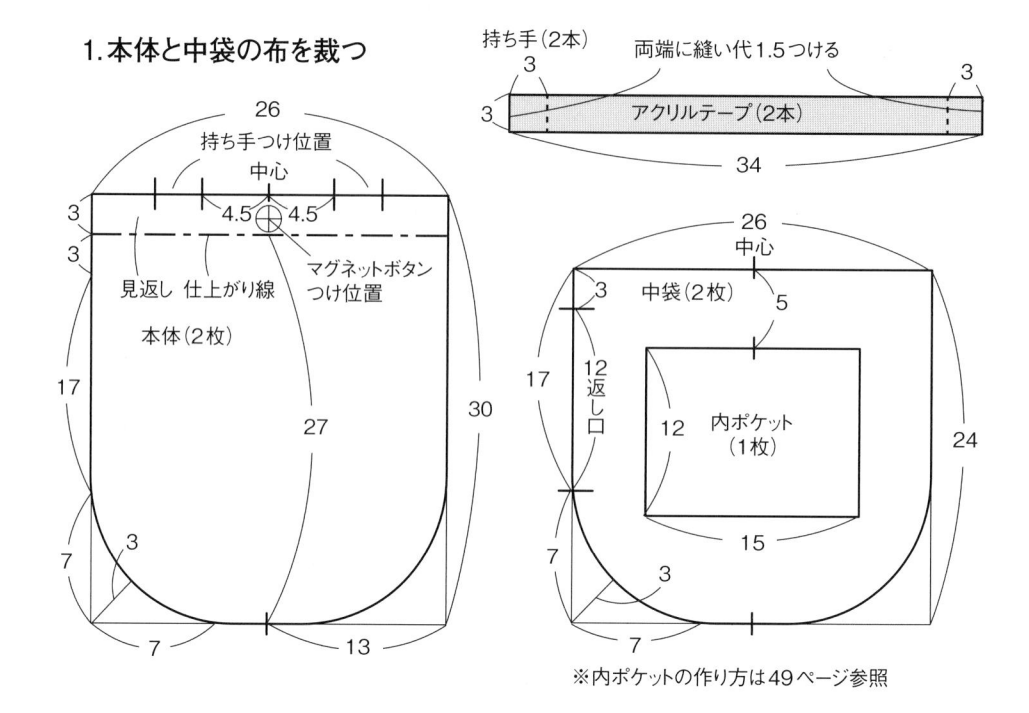

※内ポケットの作り方は49ページ参照

2.本体と中袋を袋状に縫う

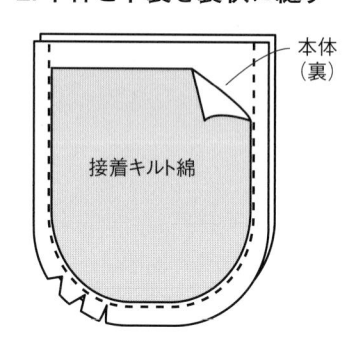

①本体2枚を中表に合わせ、袋状に縫う
②裁ち切りの接着キルト綿を貼り、
縫い代はカーブに切り込みを入れて
アイロンで割る

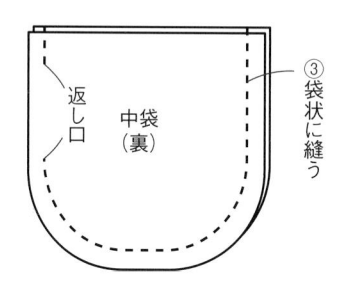

③中袋2枚は接着キルト綿をつけずに
返し口を残して同様に縫う

3.本体に持ち手を仮どめする

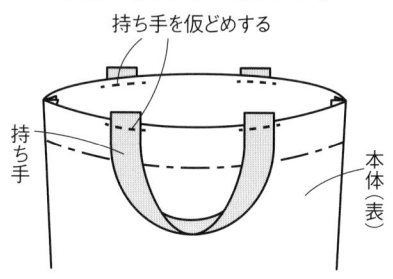

4.本体と中袋の口を縫う

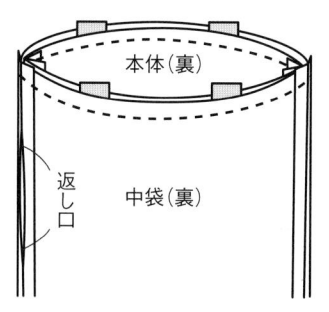

本体に中袋を中表に合わせて
口をぐるりと縫う

5.表に返してフェイクファーをまつる

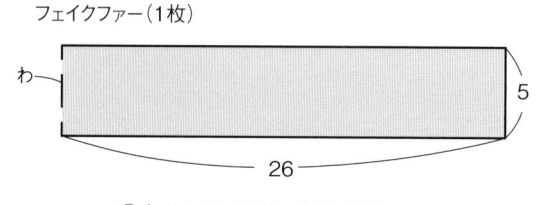

①表に返して口に端ミシンをかけ、
マグネットボタンをつける
②返し口をはしごまつりでとじる
③フェイクファーを輪に縫う
④本体にフェイクファーをまつる
※マグネットボタンのつけ方は47ページ参照

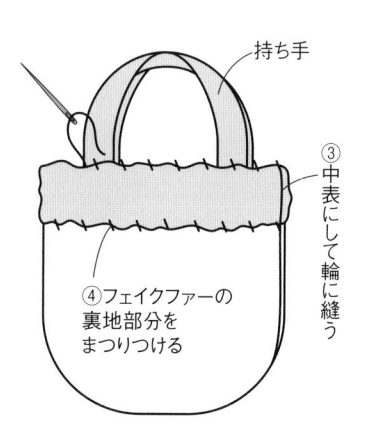

1. 本体前にファスナーをつける。

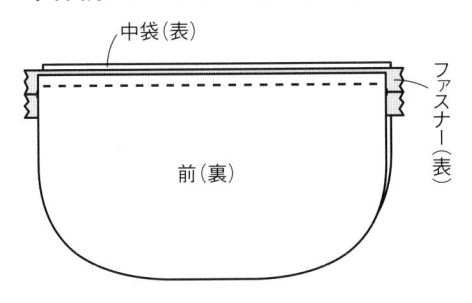

前と中袋（表）を中表に合わせて
ファスナーをはさんで縫う

2. 本体後ろにファスナーをつける。

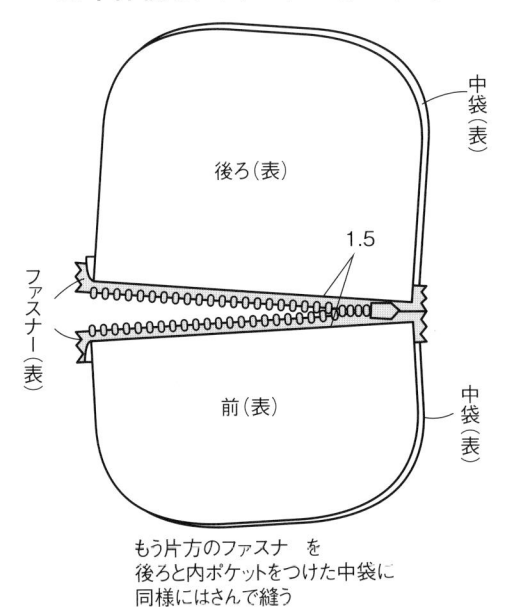

もう片方のファスナーを
後ろと内ポケットをつけた中袋に
同様にはさんで縫う

3. 前と後ろを中表に合わせて縫う。

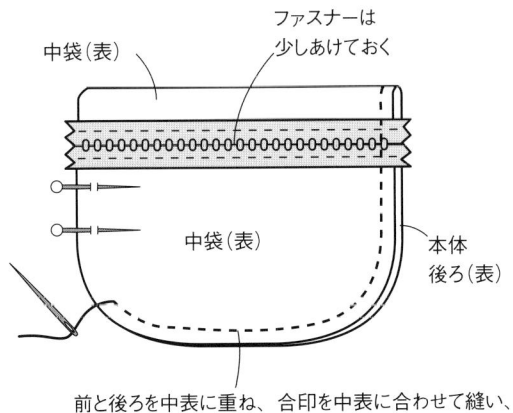

前と後ろを中表に重ね、合印を中表に合わせて縫い、
縫い代をバイアステープでくるんで始末する

実物大型紙
ポーチ

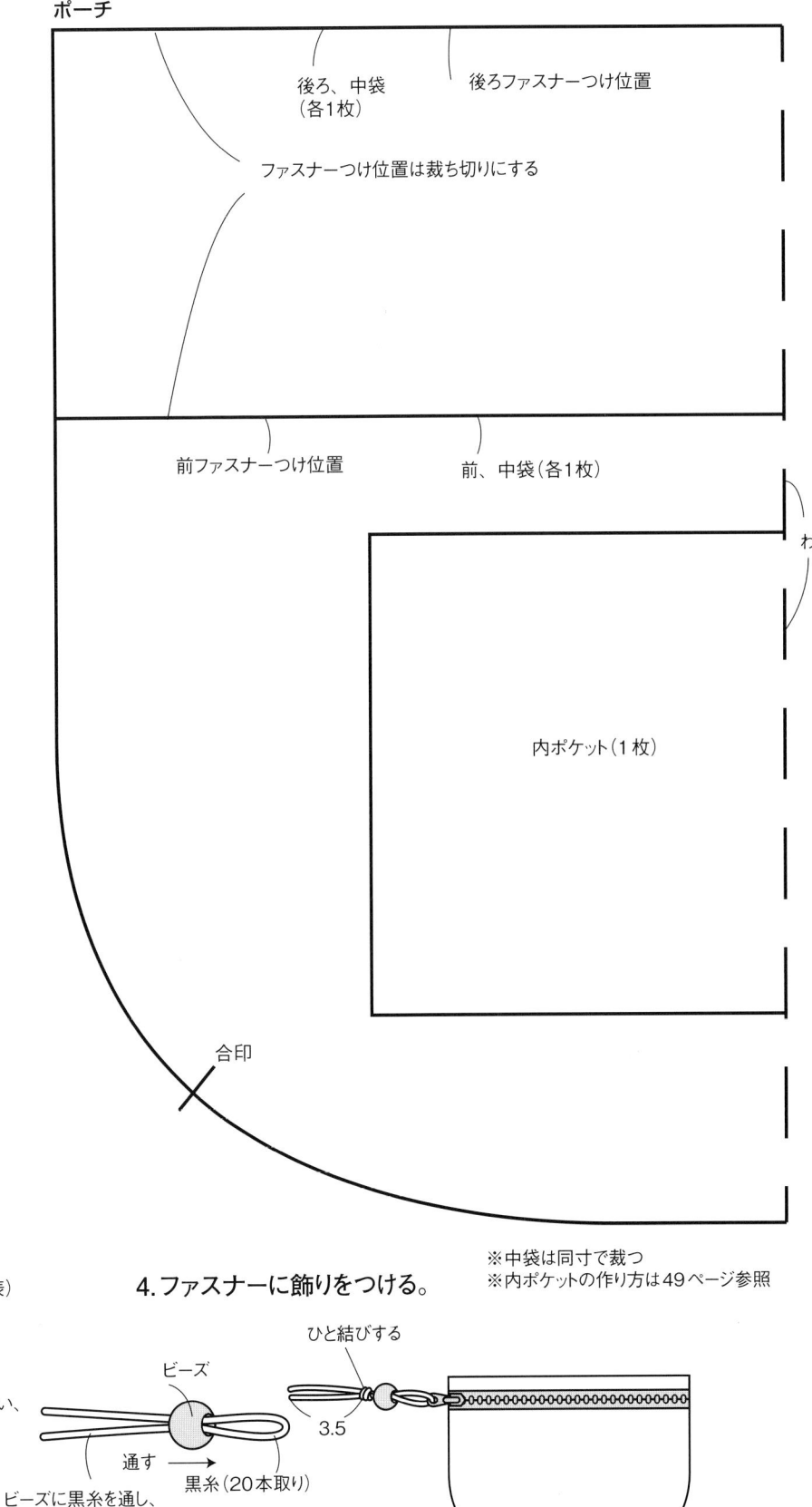

後ろ、中袋
（各1枚）

後ろファスナーつけ位置

ファスナーつけ位置は裁ち切りにする

前ファスナーつけ位置

前、中袋（各1枚）

わ

内ポケット（1枚）

合印

※中袋は同寸で裁つ
※内ポケットの作り方は49ページ参照

4. ファスナーに飾りをつける。

ビーズ

ひと結びする

3.5

通す

黒糸（20本取り）

ビーズに黒糸を通し、
ひと結びして切り揃える

●材料(1点分)

本体用布、内布、厚手接着芯各25×15cm　側面用布、薄手接着芯各30×10cm　中底用布20×15cm　タブ用はぎれ適宜　厚さ0.1cmプラスチック板8×7.5cm　直径0.8cmスナップボタン1組

1. タブを作る

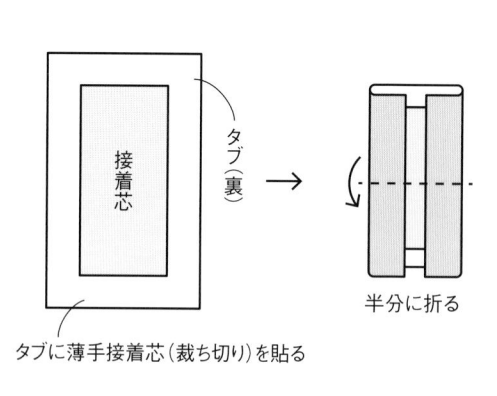

タブに薄手接着芯(裁ち切り)を貼る

半分に折る

2. 本体と内布を合わせて縫う

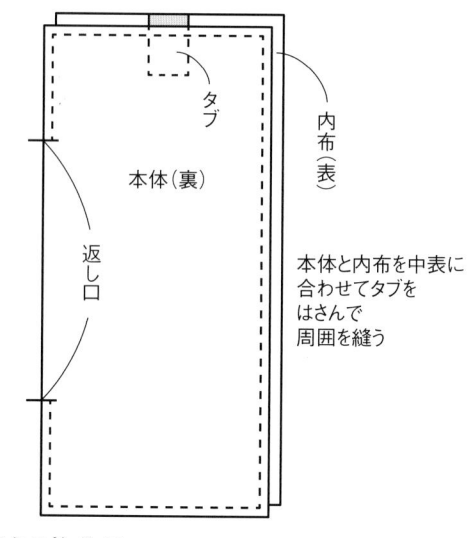

本体(裏)

タブ

内布(表)

返し口

本体と内布を中表に合わせてタブをはさんで周囲を縫う

3. 表に返して接着芯を貼る

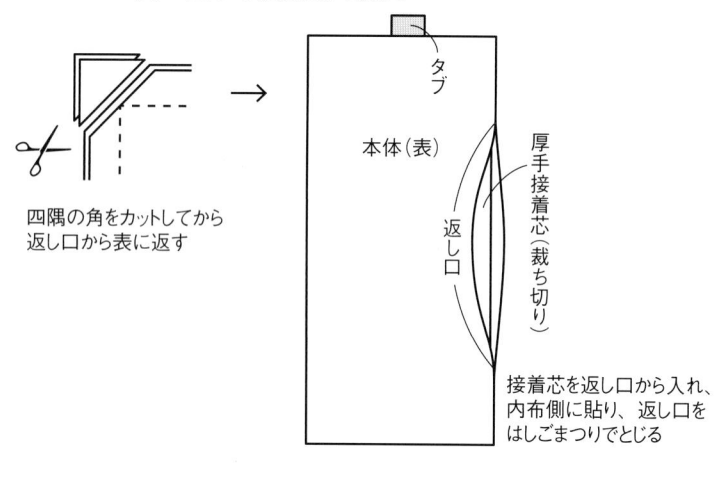

四隅の角をカットしてから返し口から表に返す

タブ

本体(表)

返し口

厚手接着芯(裁ち切り)

接着芯を返し口から入れ、内布側に貼り、返し口をはしごまつりでとじる

4. 側面を2枚作る

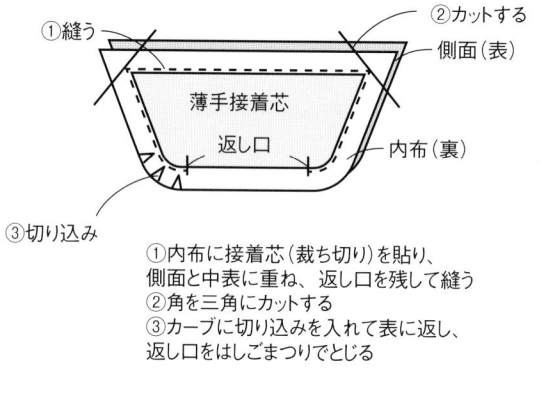

①縫う

②カットする

側面(表)

薄手接着芯

返し口

内布(裏)

③切り込み

① 内布に接着芯(裁ち切り)を貼り、側面と中表に重ね、返し口を残して縫う
② 角を三角にカットする
③ カーブに切り込みを入れて表に返し、返し口をはしごまつりでとじる

5. 本体と本体と側面を縫い合わせる

タブ

本体(表)

側面(表)

側面(表)

合印を合わせて巻きかがりで縫い合わせる

6. スナップボタンつけ、中底を入れる

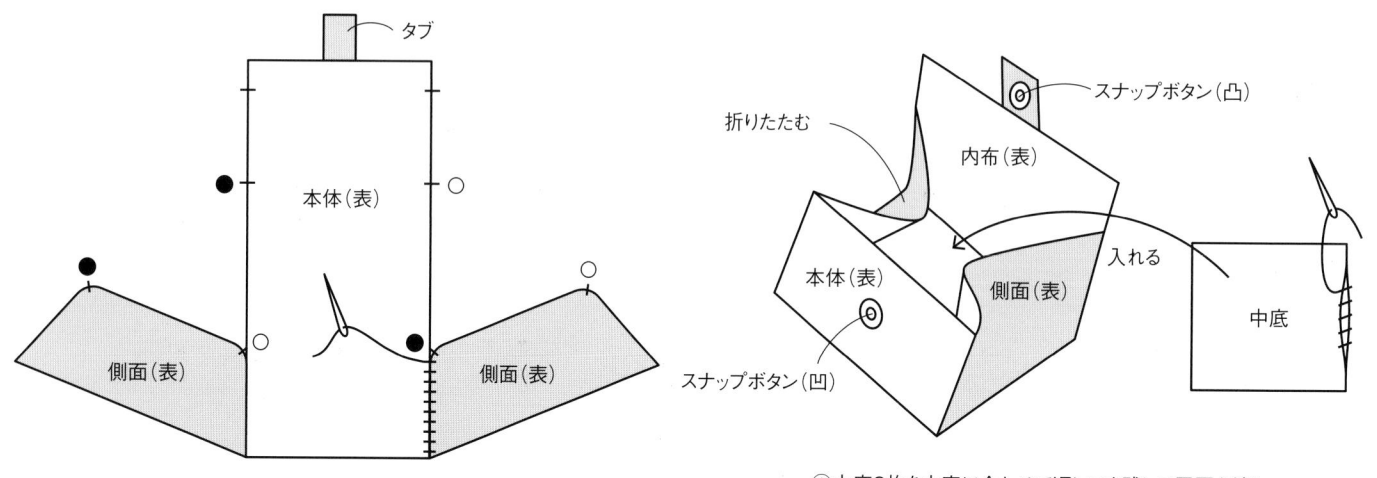

折りたたむ

スナップボタン(凸)

内布(表)

本体(表)

側面(表)

入れる

中底

スナップボタン(凹)

① 中底2枚を中表に合わせて返し口を残して周囲を縫う
② 表に返してプラスチック板を入れてはしごまつりでとじる

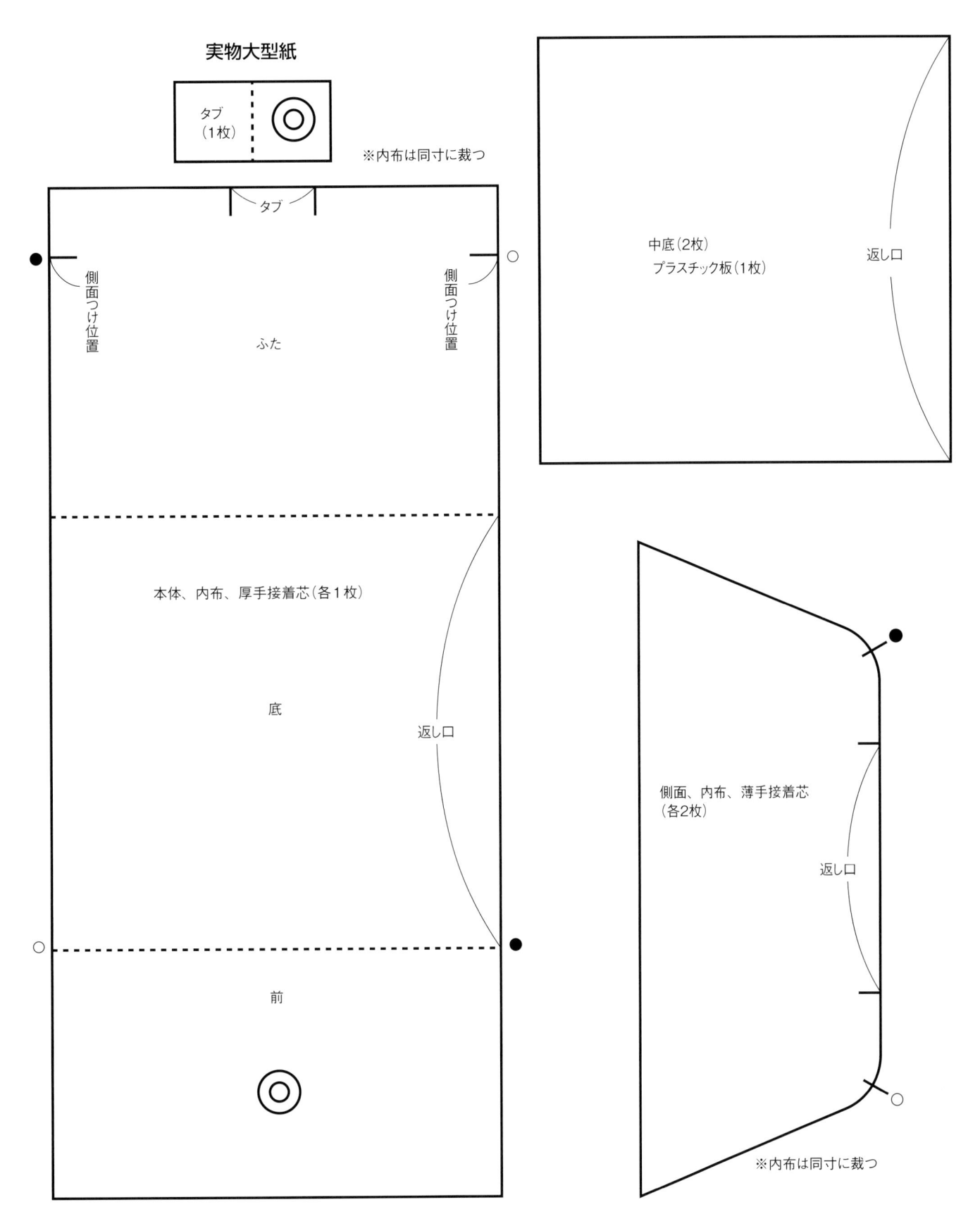

実物大型紙

タブ（1枚）

※内布は同寸に裁つ

タブ

側面つけ位置

側面つけ位置

ふた

本体、内布、厚手接着芯（各1枚）

底

返し口

前

中底（2枚）
プラスチック板（1枚）

返し口

側面、内布、薄手接着芯（各2枚）

返し口

※内布は同寸に裁つ

●材料

扇子入れ
A布10×45cm　B布10×70cm　ベルト用布(タブ分含む)15×10cm　接着芯15×70cm

箸入れ
A布10×80cm　B布(ベルト分含む)10×40cm　タブ用布10×10cm　接着芯15×80cm

1. ベルトとタブを作る。

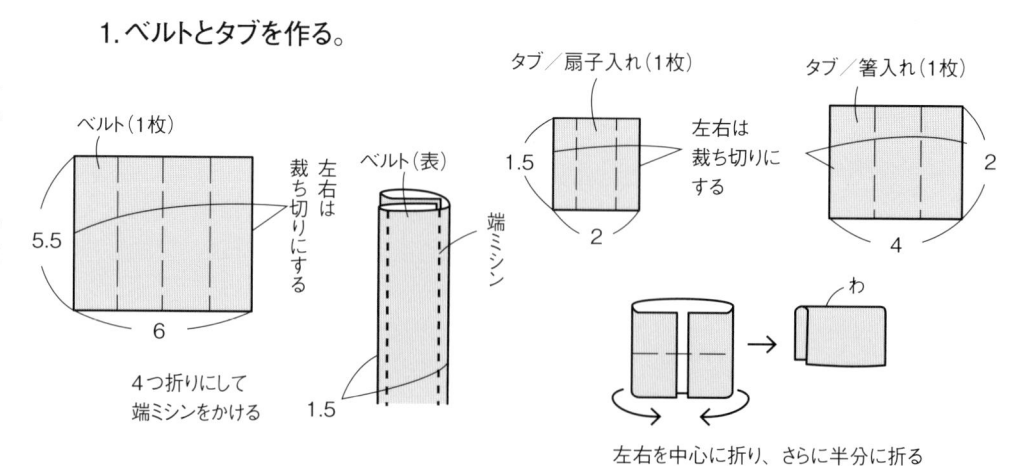

ベルト(1枚)

左右は裁ち切りにする

5.5

6

4つ折りにして端ミシンをかける

ベルト(表)

端ミシン

1.5

タブ／扇子入れ(1枚)

1.5

2

左右は裁ち切りにする

タブ／箸入れ(1枚)

2

4

わ

左右を中心に折り、さらに半分に折る

2.A布とB布を縫い合わせる。

扇子入れ

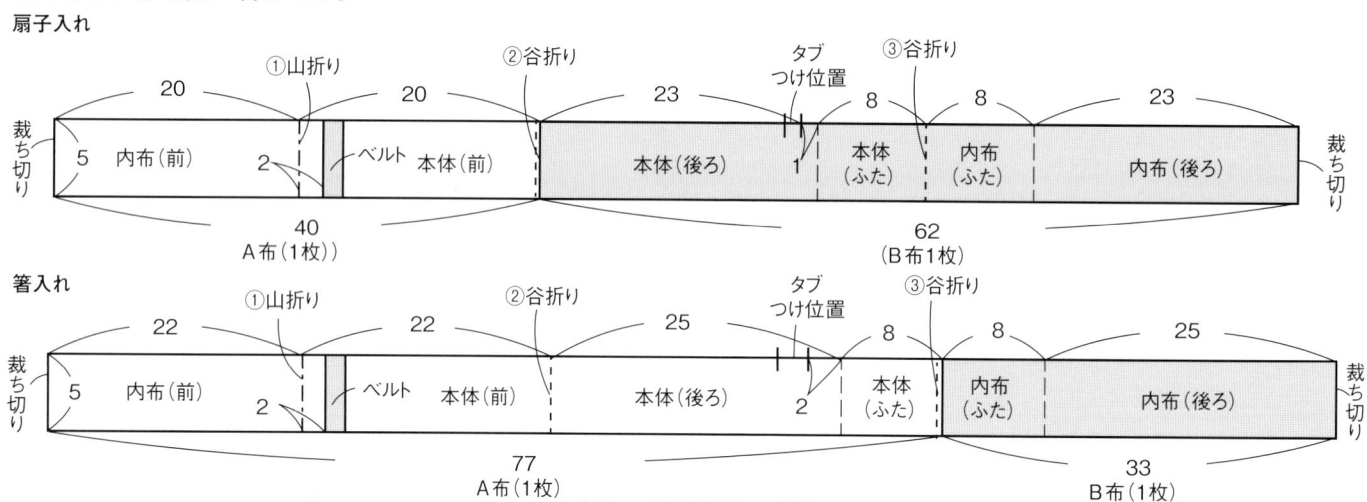

①山折り　②谷折り　タブつけ位置　③谷折り

20　20　23　8　8　23

裁ち切り　5　内布(前)　2　ベルト　本体(前)　本体(後ろ)　1　本体(ふた)　内布(ふた)　内布(後ろ)　裁ち切り

40
A布(1枚)

62
(B布1枚)

箸入れ

①山折り　②谷折り　タブつけ位置　③谷折り

22　22　25　8　8　25

裁ち切り　5　内布(前)　2　ベルト　本体(前)　本体(後ろ)　2　本体(ふた)　内布(ふた)　内布(後ろ)　裁ち切り

77
A布(1枚)

33
B布(1枚)

※本体には接着芯を貼って仕立てる

3. ベルトとタブを仮どめして①〜③を折る

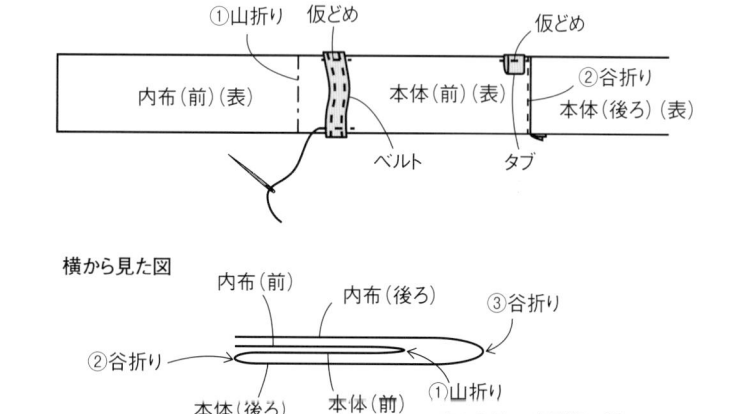

①山折り　仮どめ　仮どめ　②谷折り

内布(前)(表)　本体(前)(表)　本体(後ろ)(表)

ベルト　タブ

横から見た図

内布(前)　内布(後ろ)　③谷折り

②谷折り

本体(後ろ)　本体(前)　①山折り

※表から見て番号順に折りたたむ

4.両脇を縫う。

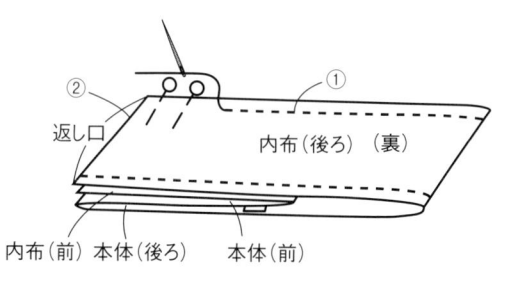

②　①

返し口

内布(後ろ)(裏)

内布(前)　本体(後ろ)　本体(前)

①両脇を縫う
②返し口から表に返し、アイロンで形を整える

※返し口は奥に隠れるのでそのままにする

福笑いの小銭入れ

実物大型紙

●材料（1点分）
顔用布15×15cm　後ろ布（ふた分含む）15×20cm　内布用布（バイアステープ分含む）30×30cm　キルト綿30×20cm　直径0.8cmスナップボタン1個
フェルト（黒・白・ピンク・赤）、25番刺しゅう糸（黒・赤）、ボンド適宜

1.前と後ろを作る。

①
左髪　右髪
内布（裏）
前（表）
キルト綿

①前の表側に
左右の髪を仮どめする
②キルト綿と内布を外表に
重ねて仮どめする

内布（裏）
後ろふた（裏）
③
入れ口
③
後ろ（裏）
縫い代のカーブに切り込みを入れる

③後ろふたと内布を中表に
合わせて入れ口を縫い、
表に返してキルト綿を
はさんで仮どめする

2.前と後ろを中表に合わせて縫う

後ろふたの
内布（表）
後ろの
内布（表）
0.5重ねる
3幅バイアステープ（裏）
合印を合わせる

①バイアステープを重ねて縫い、
縫い代をくるんでまつる

※バイアステープの
裁ち方は49ページ参照

②ボンドで顔の
パーツを貼る

③刺しゅうをする
④後ろふたと後ろにスナップボタンをつける

後ろふた（1枚）
内布、キルト綿（各1枚）

入れ口
入れ口
スナップボタン凸
スナップボタン凹

後ろ（1枚）
内布、キルト綿（各1枚）

右髪　左髪
前
まゆ（2枚）
目（2枚）
ひとみ（1枚）
ストレートS（黒・2本どり）
鼻（1枚）
ほほ（2枚）
アウトラインS（赤・2本どり）
口（1枚）

左髪（1枚）
右髪（1枚）

※内布は左右対称形に裁つ

73

◉材料
前用はぎれ（ループ分含む）適宜　後ろ
用布30×25㎝　中袋用布（指入れ分
含む）、接着キルト綿40×30㎝

1.本体の前と後ろを中表に合わせて周囲を縫う

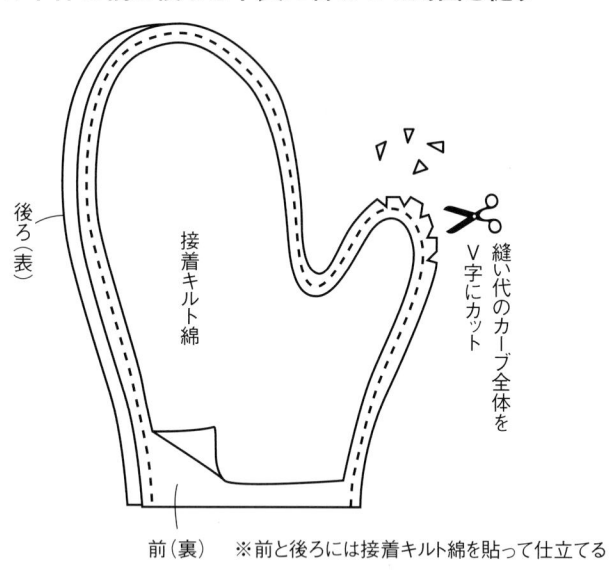

後ろ（表）

接着キルト綿

縫い代のカーブ全体をV字にカット

前（裏）　※前と後ろには接着キルト綿を貼って仕立てる

2.指入れを中袋に縫いつける

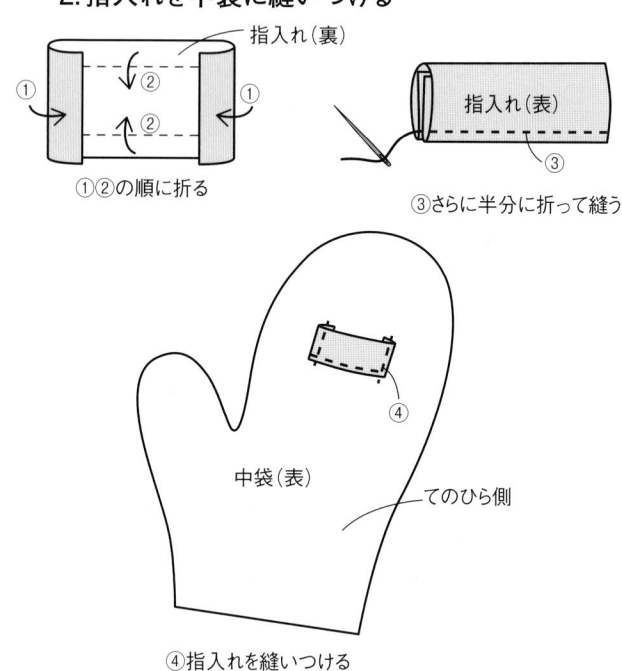

指入れ（裏）

①②の順に折る

指入れ（表）

③さらに半分に折って縫う

中袋（表）

④

てのひら側

④指入れを縫いつける

3.中袋を縫い、本体を入れて入れ口を縫う

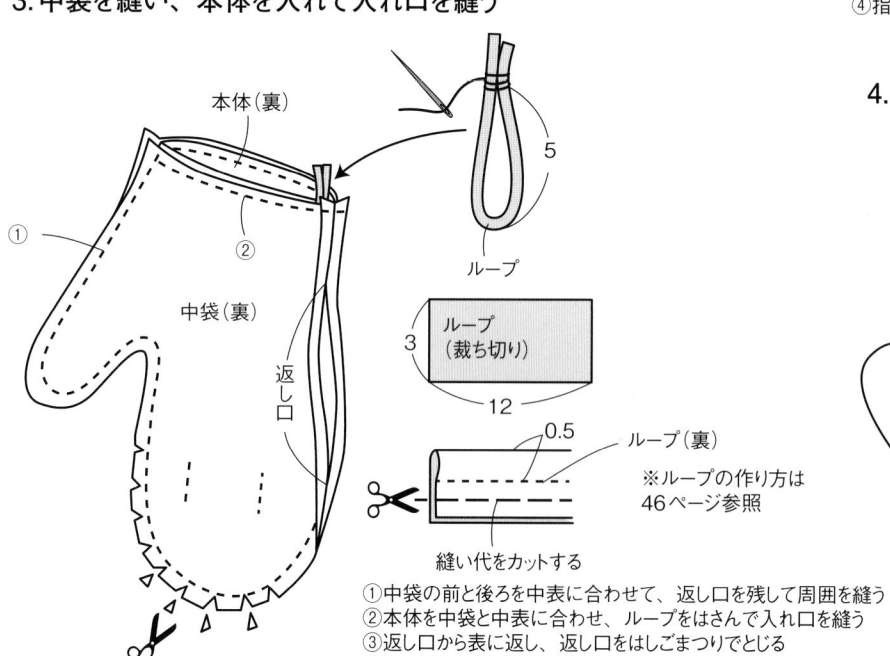

本体（裏）

①

②

中袋（裏）

返し口

ループ

5

ループ
（裁ち切り）

3

12

0.5

ループ（裏）

縫い代をカットする

※ループの作り方は
46ページ参照

①中袋の前と後ろを中表に合わせて、返し口を残して周囲を縫う
②本体を中袋と中表に合わせ、ループをはさんで入れ口を縫う
③返し口から表に返し、返し口をはしごまつりでとじる

4.本体の前と後ろを仕上がり線で折る

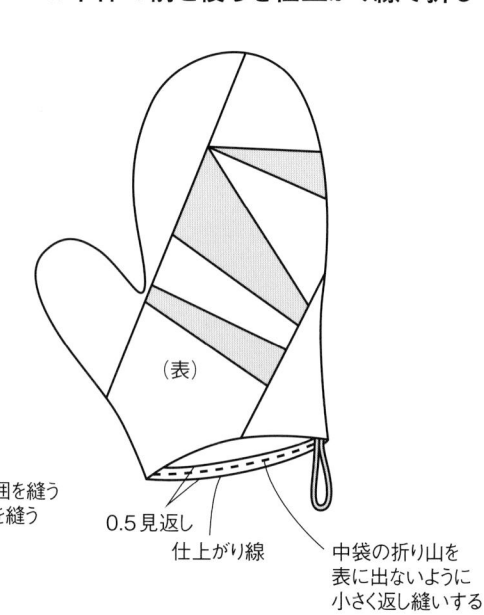

（表）

0.5見返し

仕上がり線

中袋の折り山を
表に出ないように
小さく返し縫いする

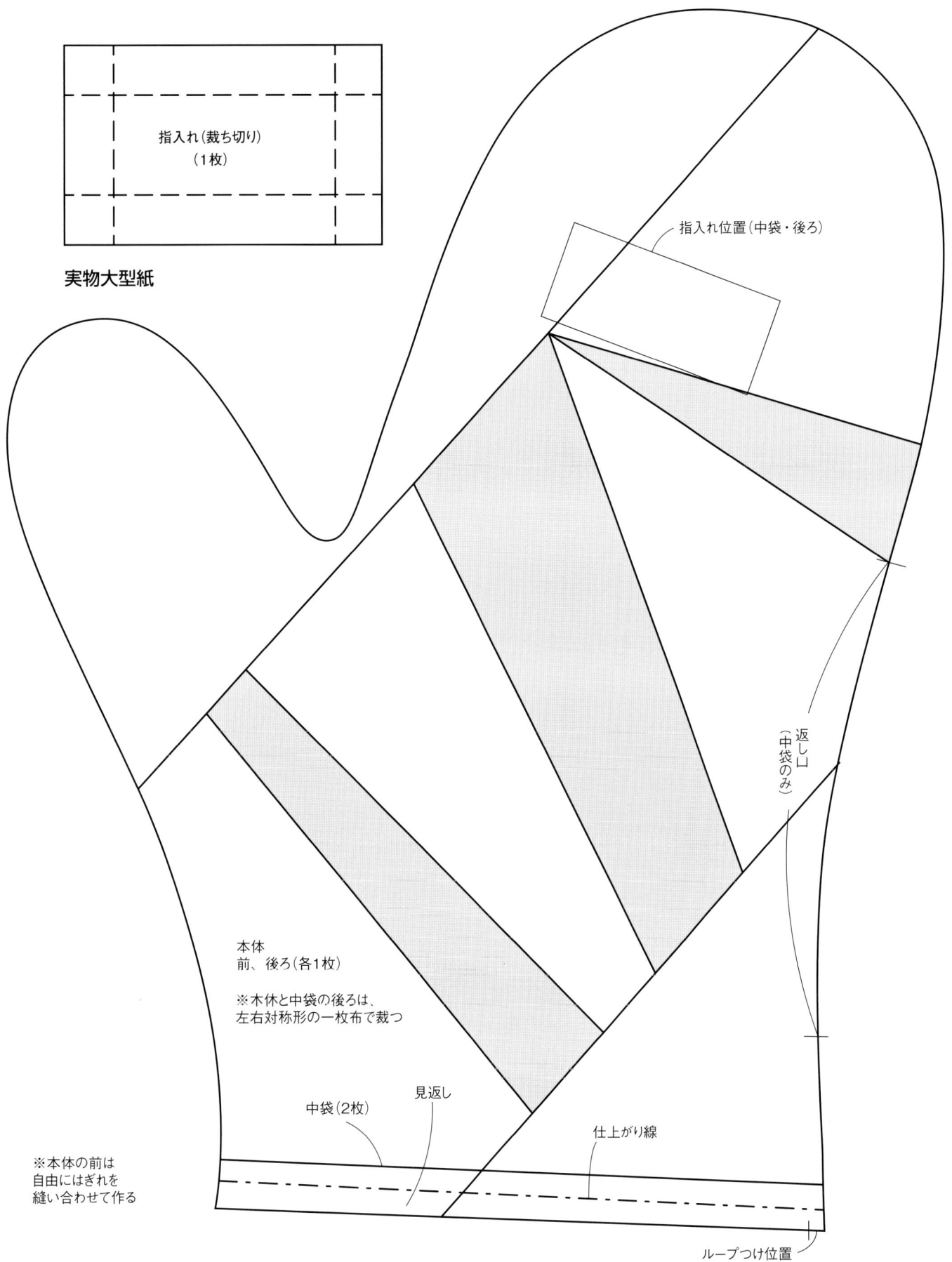

指入れ（裁ち切り）
（1枚）

実物大型紙

指入れ位置（中袋・後ろ）

返し口
（中袋のみ）

本体
前、後ろ（各1枚）

※本休と中袋の後ろは、
左右対称形の一枚布で裁つ

見返し

中袋（2枚）

仕上がり線

※本体の前は
自由にはぎれを
縫い合わせて作る

ループつけ位置

●材料

前用布（指入れ分含む）30×25cm　内布（ループ分含む）20×40cm　後ろ用布各20×20cm　接着キルト綿20×20cm　直径1.3cmボタン2個

1.指入れを作り、後ろの内布につける

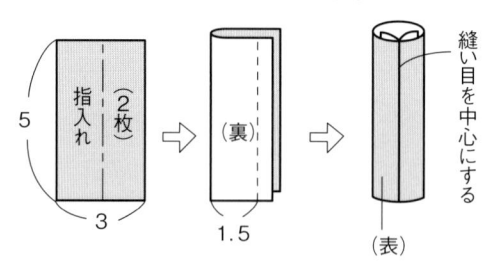

①布を中表に2つ折りし、筒状に縫って表に返す

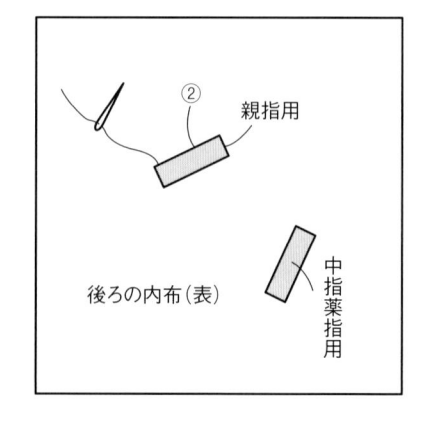

②指入れを後ろの内布にまつりつける

※左利きの場合は位置を左右逆につける

2.前と内布を縫い合わせる

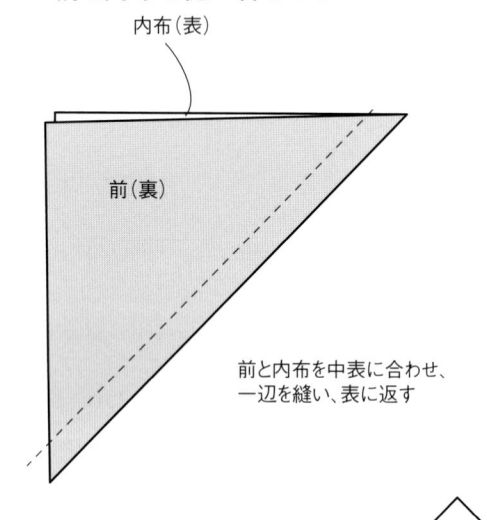

前と内布を中表に合わせ、一辺を縫い、表に返す

3.後ろの内布に前を仮どめする

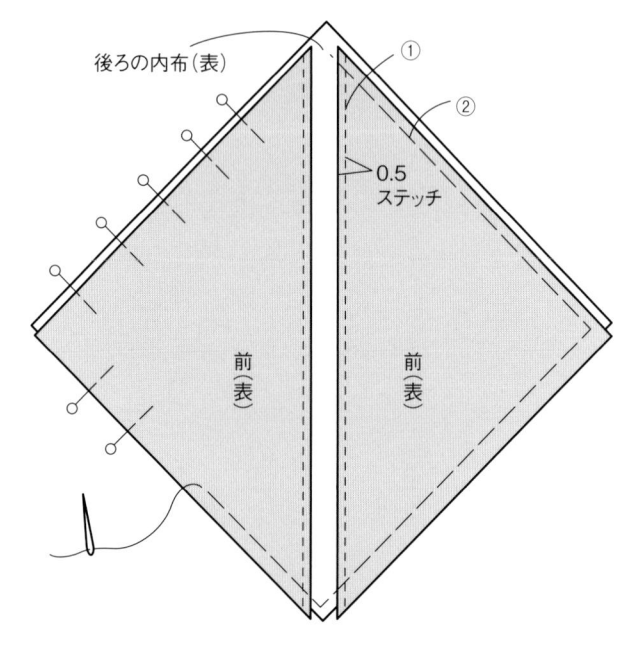

①前の入れ口にステッチをかける
②後ろの内布に前を仮どめする

4.前と後ろを中表に縫う

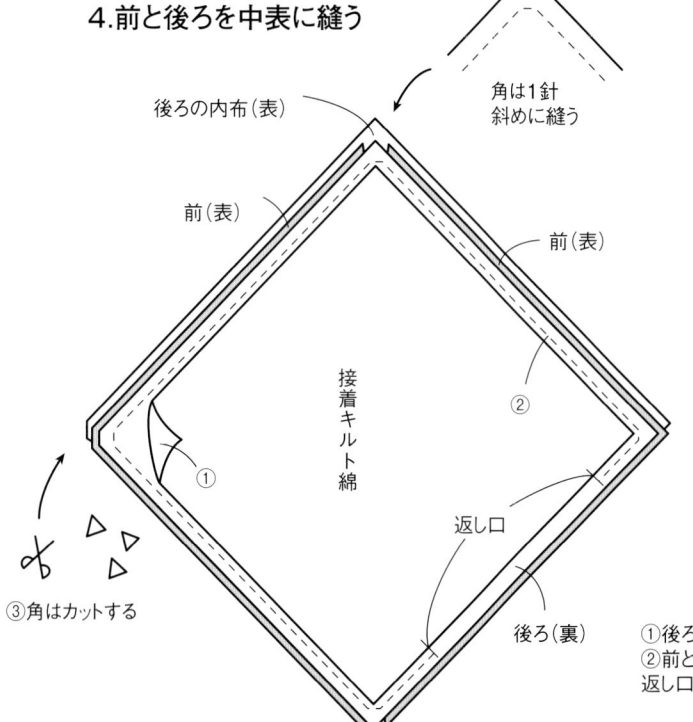

③角はカットする

①後ろに接着キルト綿を貼る
②前と後ろを中表に合わせて返し口を残して縫い、表に返す

5.ループとボタンをつける

①返し口をとじる
②入れ口をまつる
③ループとボタンをつける

ループ(1本)

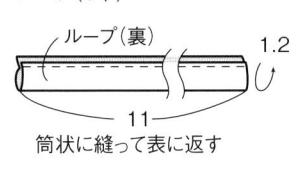

筒状に縫って表に返す

※ループの作り方は46ページ参照

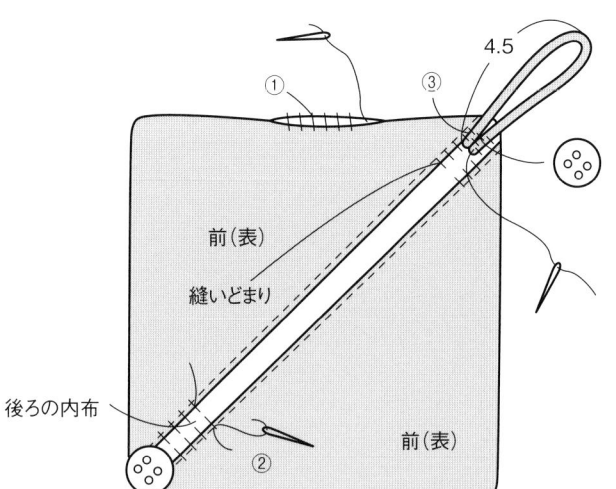

実物大型紙

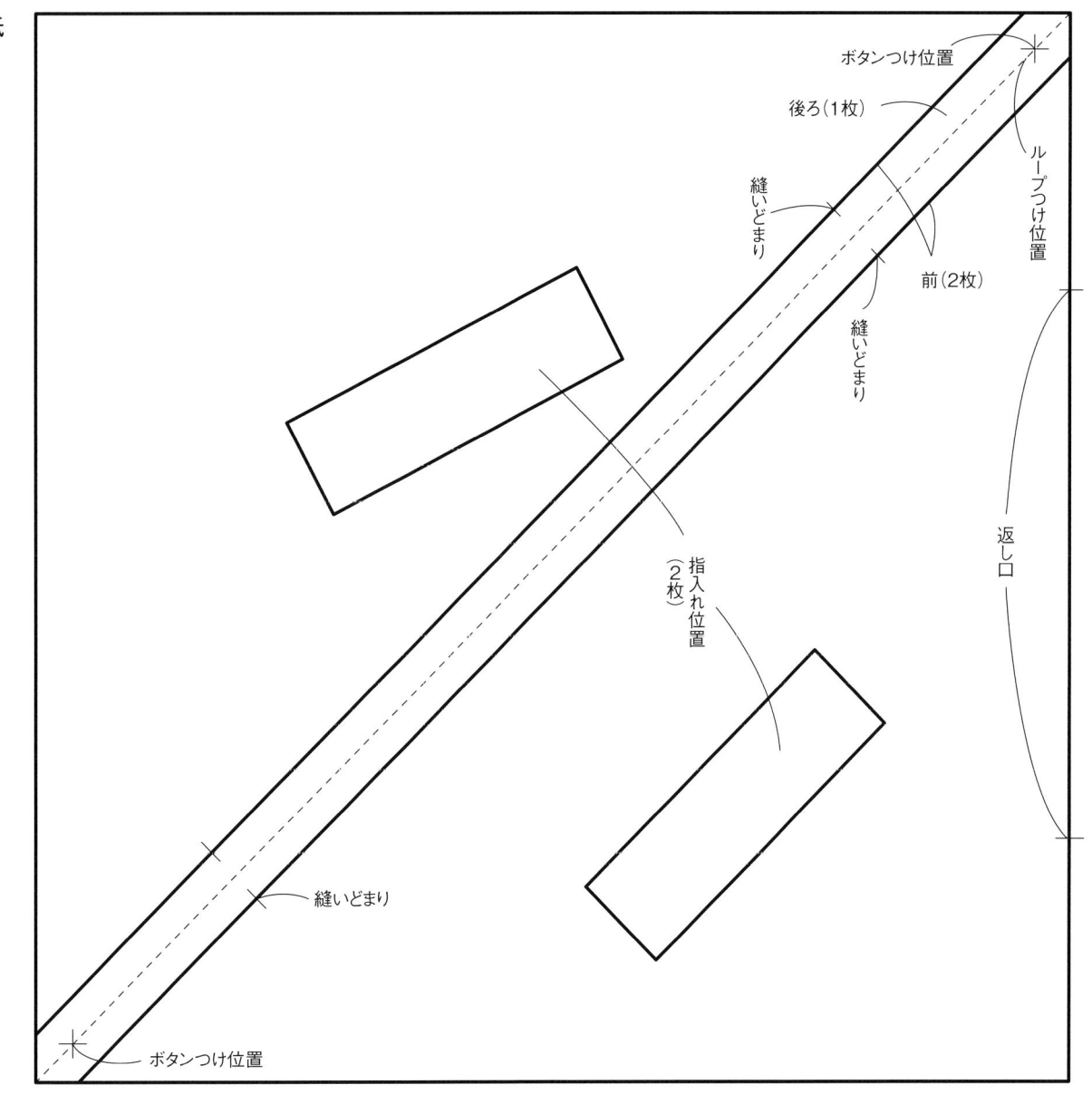

77

●材料(1点分)

本体・ふた用布、中袋用布(ふた内布分含む)、接着芯各35×40㎝　長さ直径2㎝木製ボタン1個　幅0.3㎝革ひも15㎝　留め布用革1.5×44㎝　幅0.5㎝ゴムテープ20㎝　25番刺しゅう糸(赤)適宜

1.本体の後ろ中心と底を縫う

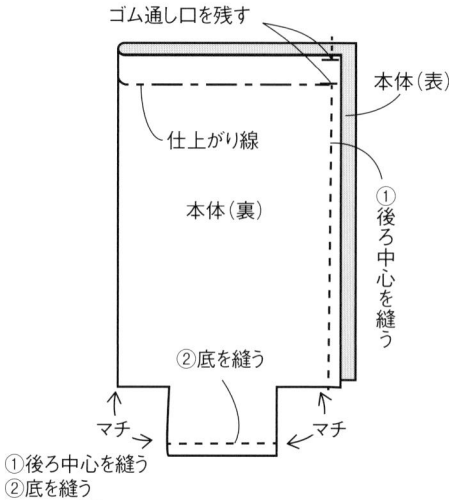

ゴム通し口を残す
仕上がり線
本体(裏)
本体(表)
①後ろ中心を縫う
②底を縫う
マチ

①後ろ中心を縫う
②底を縫う
③マチを縫う

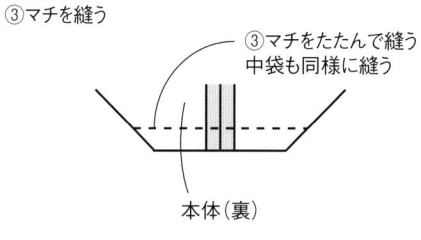

③マチをたたんで縫う
中袋も同様に縫う
本体(裏)
本体(裏)

2.中袋を縫う

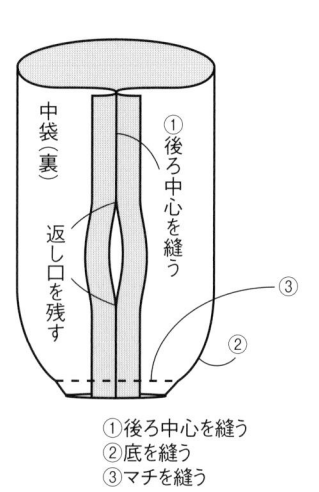

中袋(裏)
①後ろ中心を縫う
返し口を残す
③
②

①後ろ中心を縫う
②底を縫う
③マチを縫う

3.本体と中袋を中表に重ねて口を縫う

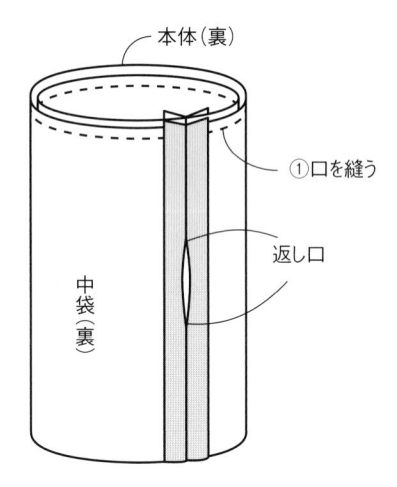

本体(裏)
①口を縫う
返し口
中袋(裏)

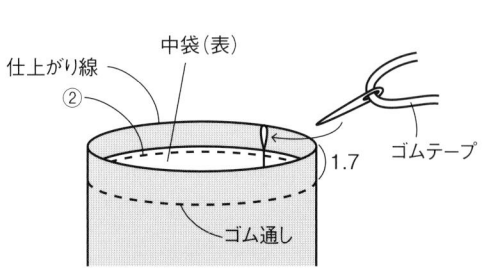

中袋(表)
仕上がり線
②
1.7
ゴムテープ
ゴム通し

①口を縫い、返し口から表に返して仕上がり線から折る
②ゴム通しを縫い、ゴムテープを通す
③返し口をはしごまつりでとじる

4.ふたを作る

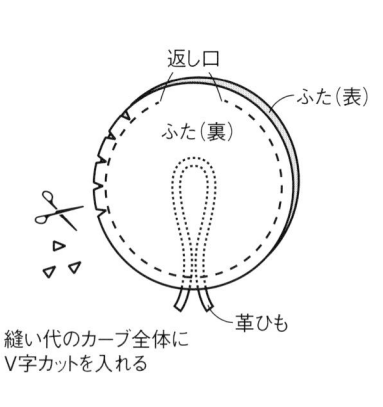

返し口
ふた(裏)
ふた(表)
革ひも

縫い代のカーブ全体にV字カットを入れる

革ひもをふたの表に仮どめし、
内布と中表に合わせ、
返し口を残して周囲を縫い、表に返す

5.ふたを作る

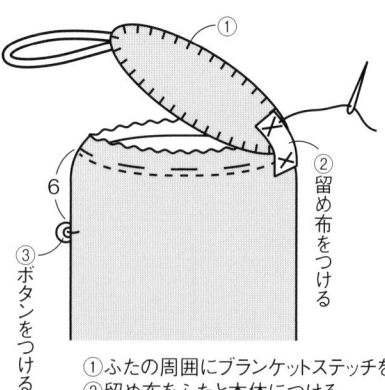

①
②留め布をつける
6
③ボタンをつける

①ふたの周囲にブランケットステッチをする
②留め布をふたと本体につける
③ボタンをつける

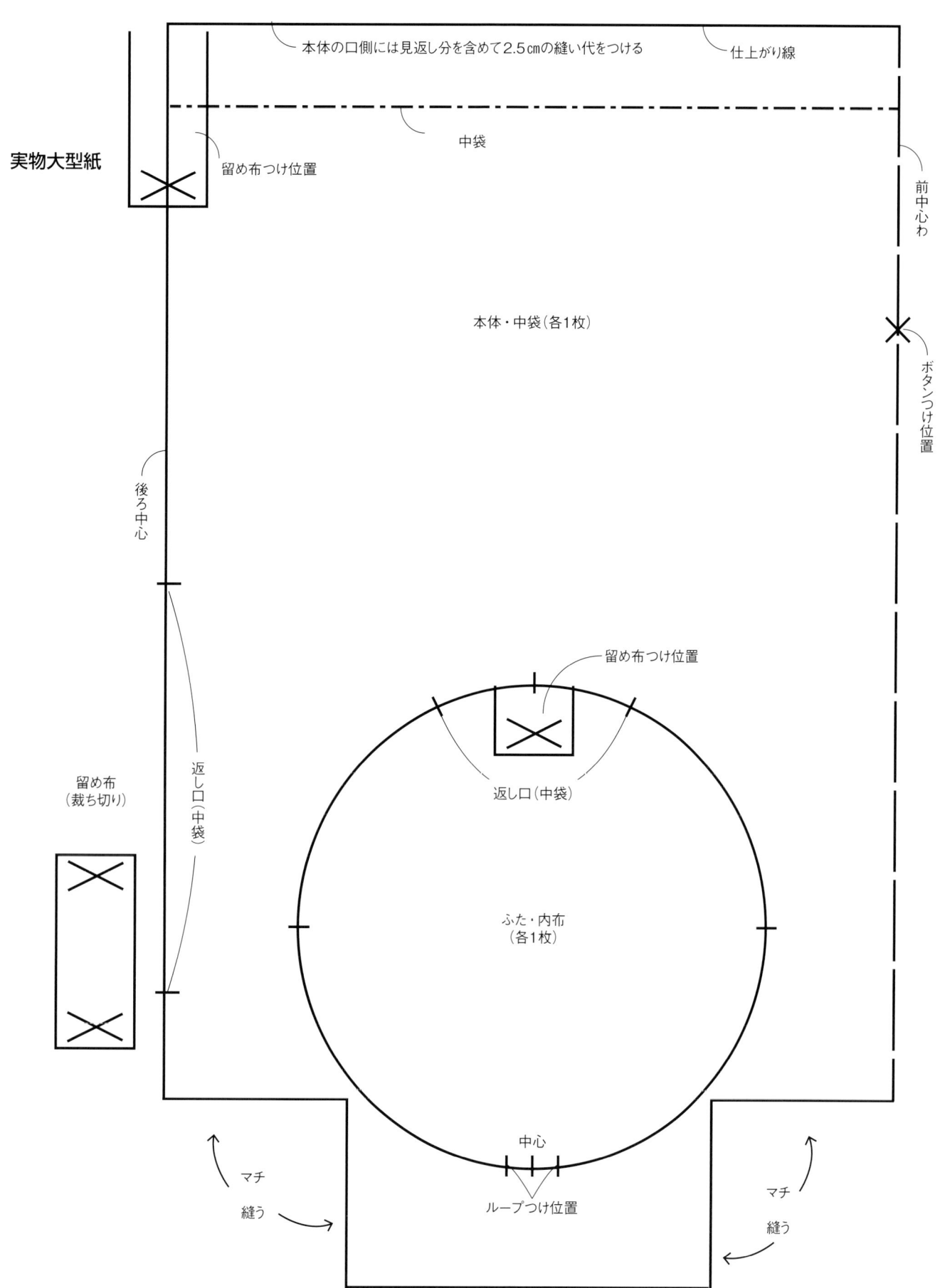

実物大型紙

本体の口側には見返し分を含めて2.5cmの縫い代をつける　仕上がり線

中袋

留め布つけ位置

前中心わ

本体・中袋(各1枚)

ボタンつけ位置

後ろ中心

留め布つけ位置

留め布
(裁ち切り)

返し口(中袋)

返し口(中袋)

ふた・内布
(各1枚)

中心

ループつけ位置

マチ
縫う

マチ
縫う

●材料(1点分)
本体用布90×35㎝ アップリケ用は
ぎれ4種各適宜 幅0.5㎝アイロン両
面接着テープ55㎝ 25番刺しゅう糸
(赤・グレー)適宜

1.表布と裏布を裁つ

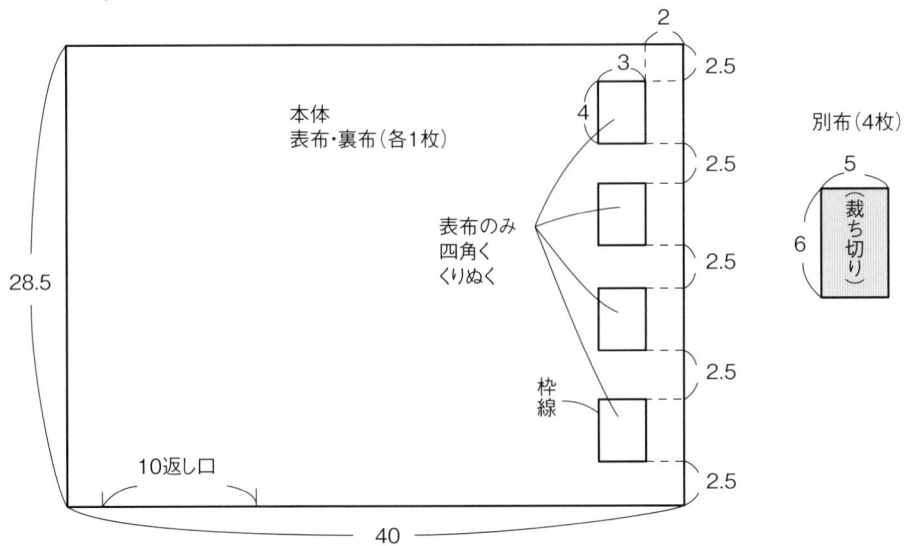

本体
表布・裏布(各1枚)

表布のみ
四角く
くりぬく

枠線

28.5

10返し口

40

2

3

4

2.5
2.5
2.5
2.5
2.5

別布(4枚)

5

6

(裁ち切り)

2.枠線の中をくりぬく

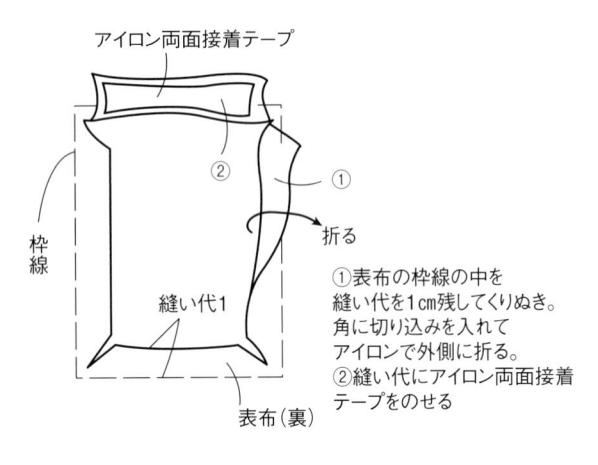

アイロン両面接着テープ

②

①

折る

枠線

縫い代1

表布(裏)

①表布の枠線の中を
縫い代を1㎝残してくりぬく。
角に切り込みを入れて
アイロンで外側に折る。
②縫い代にアイロン両面接着
テープをのせる

3.別布をまつりつける

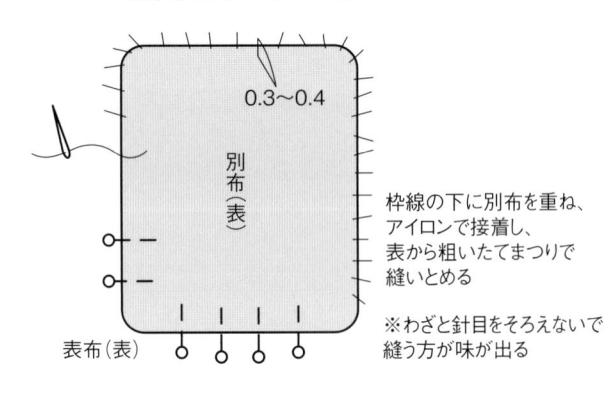

0.3～0.4

別布(表)

表布(表)

枠線の下に別布を重ね、
アイロンで接着し、
表から粗いたてまつりで
縫いとめる

※わざと針目をそろえないで
縫う方が味が出る

4.表布と裏布を中表に縫う

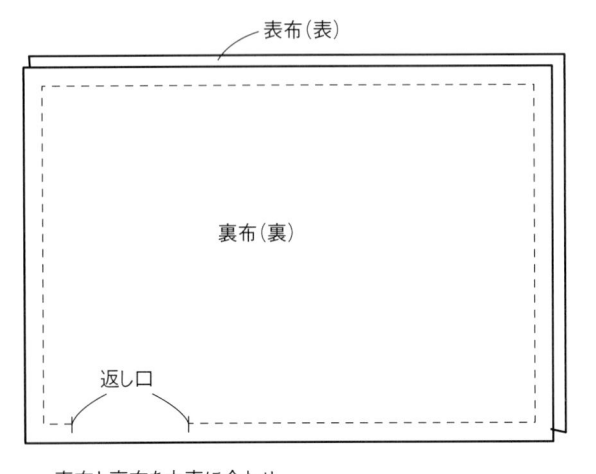

表布(表)

裏布(裏)

返し口

表布と裏布を中表に合わせ、
返し口を残して周囲を縫う

5.表に返して周囲を巻きかがる

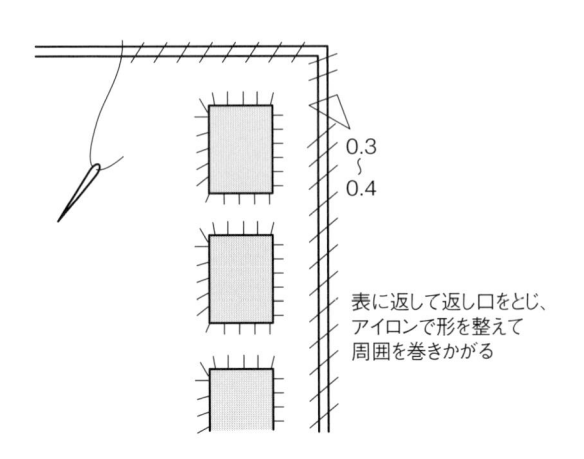

0.3～0.4

表に返して返し口をとじ、
アイロンで形を整えて
周囲を巻きかがる

◉材料
A布（パイピング布分含む）30×55㎝
B布30×20㎝　保温シート各33×25
㎝　ループ用幅0.3㎝革ひも10㎝　長
さ1.2㎝木製ボタン1個　25番刺しゅ
う糸（赤）適宜

1.本体のA布とB布を縫い合わせる

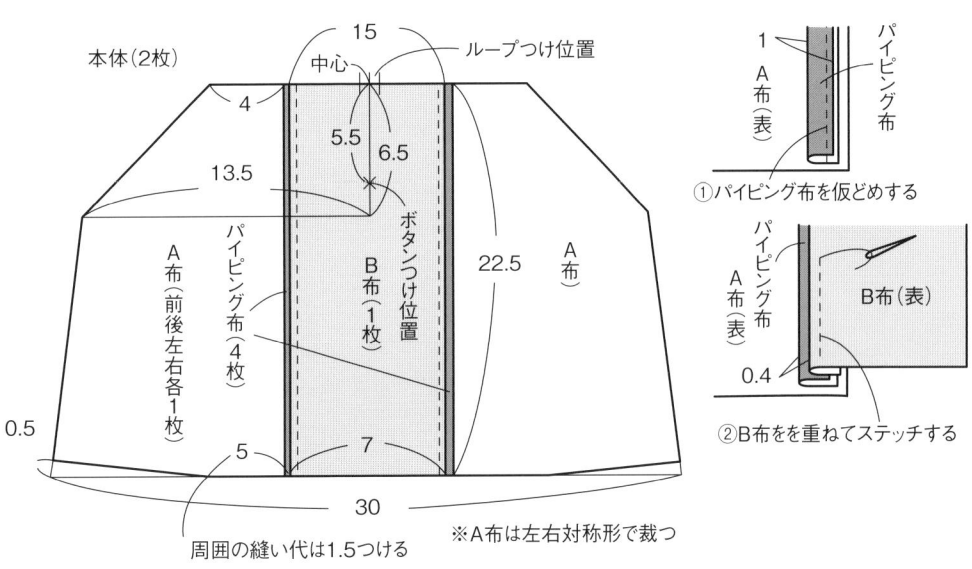

本体（2枚）

15
中心
ループつけ位置
4
5.5
6.5
13.5
22.5
A布
A布（前後左右各1枚）
パイピング布（4枚）
B布（1枚）
ボタンつけ位置
0.5
5
7
30
※A布は左右対称形で裁つ
周囲の縫い代は1.5つける

※パイピング布はA布を
裏にして使ってもよい

1
A布（表）
パイピング布
①パイピング布を仮どめする

パイピング布
A布（表）
B布（表）
0.4
②B布をを重ねてステッチする

2.本体を中表に縫い合わせて縫う

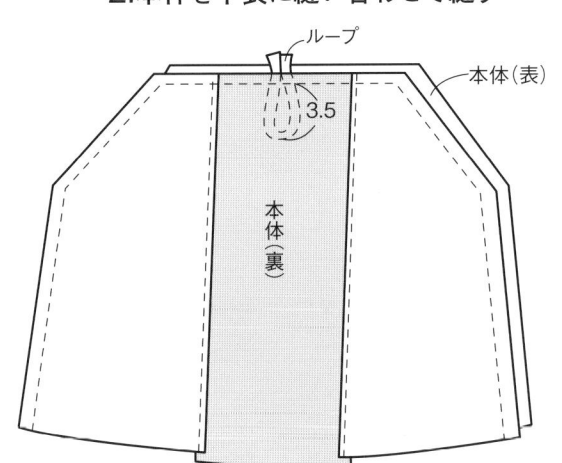

ループ
本体（表）
3.5
本体（裏）

ループを仮どめし、
2枚の本体を中表に合わせて
両端と上部を縫う

3.保温シートをまつりつける

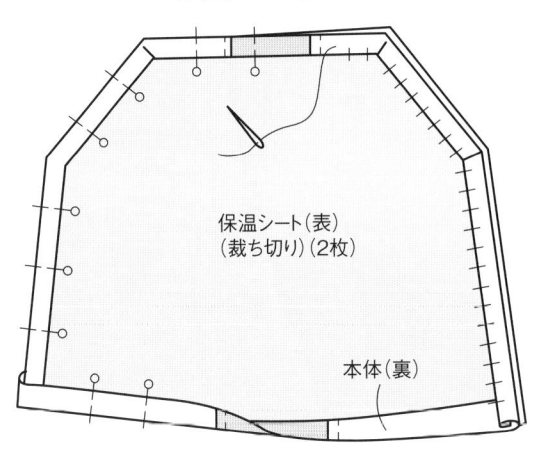

保温シート（表）
（裁ち切り）（2枚）
本体（裏）

本体の裏に裁ち切りの保温シートを重ね、
本体の縫い代を倒してまつりつける
※保温シートは本体のA布とB布を合わせた
1枚布で裁つ

4.裾にステッチをする

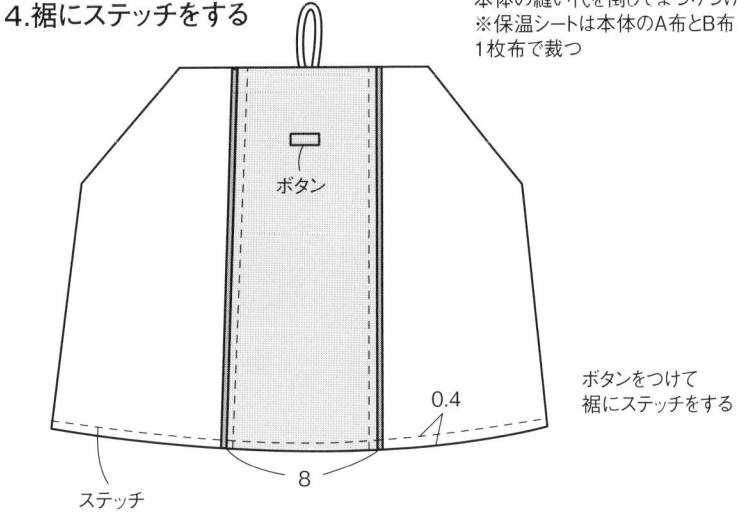

ボタン
0.4
8
ステッチ

ボタンをつけて
裾にステッチをする

●材料(1点分)
本体用布30×20cm　衿先用別布10×10cm　フェルト芯地15×10cm

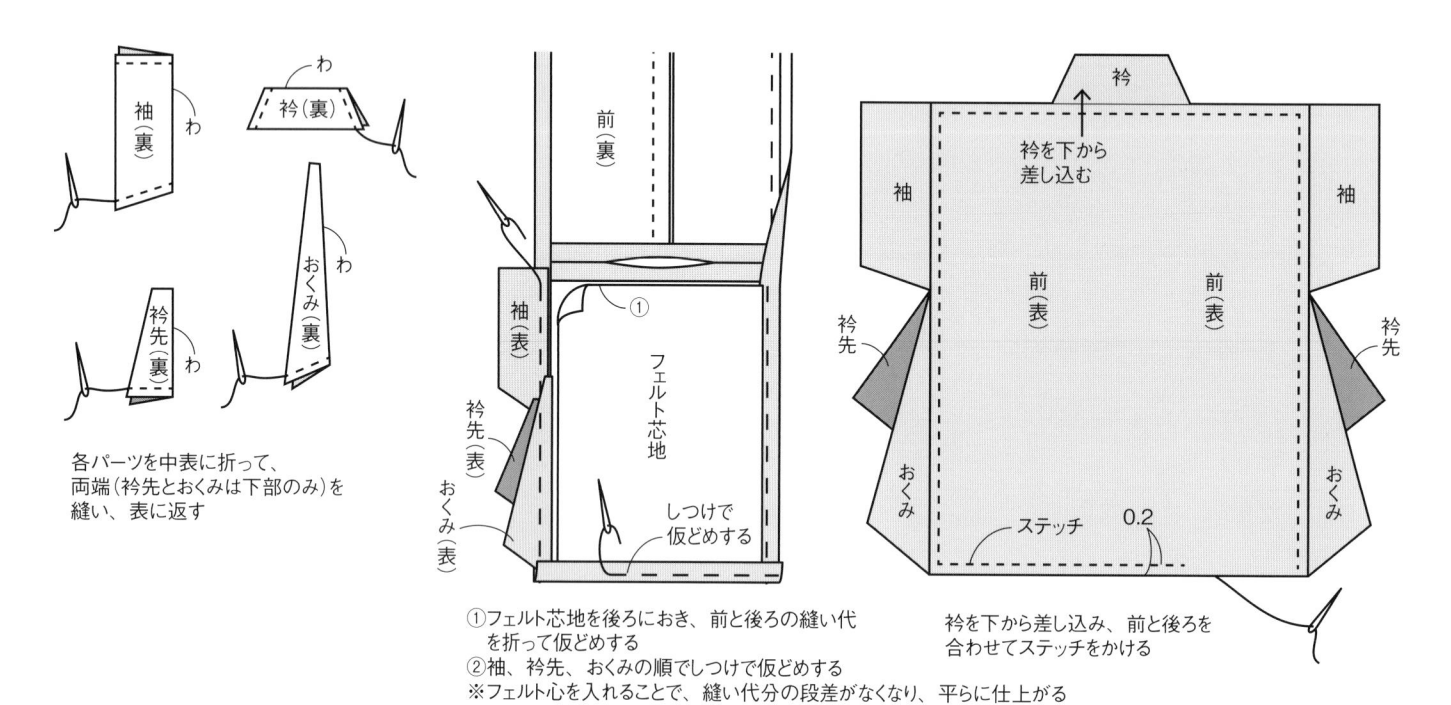

1.前を2枚縫い合わせる

前（裏）
中心

→

0.2
ステッチ
前（表）
中心
前（表）

前2枚を中表に合わせて中心を縫い、
縫い代を片側に倒して縫い代側にステッチをかける

2.前と後ろを縫い合わせる

前（表）
衿つけ位置
後ろ（裏）

前と後ろを中表に合わせて縫い
衿つけ位置を残して上部を縫い、
縫い代を割る

3.各パーツを縫う

袖（裏）　わ
衿（裏）　わ
衿先（裏）　わ
おくみ（裏）　わ

各パーツを中表に折って、
両端（衿先とおくみは下部のみ）を
縫い、表に返す

4.袖、衿先、おくみを仮どめする

前（裏）
①
袖（表）
衿先（表）
おくみ（表）
フェルト芯地
しつけで
仮どめする

①フェルト芯地を後ろにおき、前と後ろの縫い代
　を折って仮どめする
②袖、衿先、おくみの順でしつけで仮どめする
※フェルト心を入れることで、縫い代分の段差がなくなり、平らに仕上がる

5.前と後ろを合わせて縫う

衿
衿を下から
差し込む
袖
袖
前（表）
前（表）
衿先
衿先
おくみ
おくみ
ステッチ
0.2

衿を下から差し込み、前と後ろを
合わせてステッチをかける

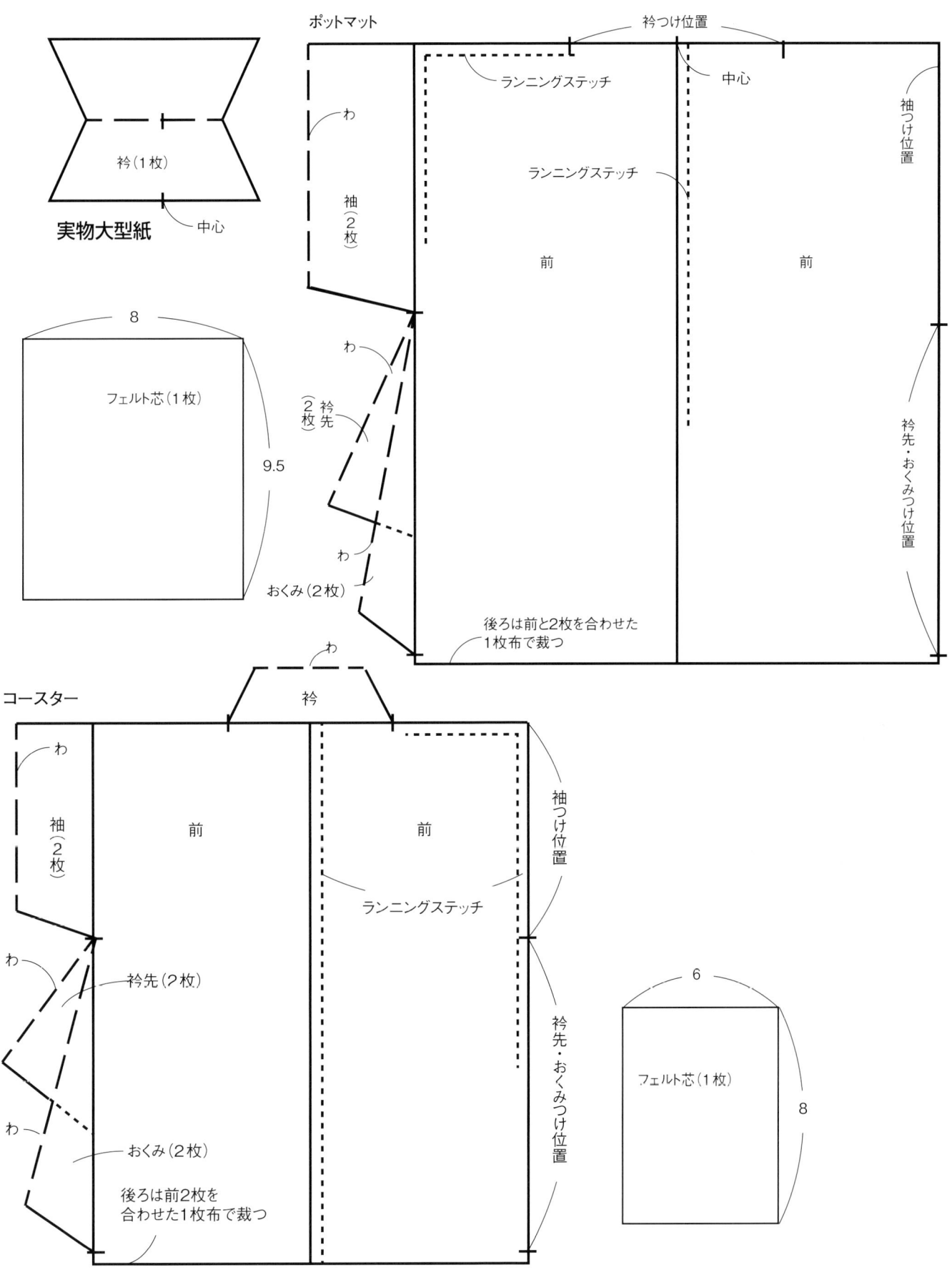

実物大型紙

衿（1枚）

中心

ポットマット

衿つけ位置

ランニングステッチ

中心

袖つけ位置

わ

袖（2枚）

ランニングステッチ

前

前

フェルト芯（1枚）

8

9.5

わ

衿先（2枚）

わ

おくみ（2枚）

衿先・おくみつけ位置

後ろは前と2枚を合わせた
1枚布で裁つ

コースター

わ

衿

わ

袖（2枚）

前

前

袖つけ位置

わ

衿先（2枚）

ランニングステッチ

わ

おくみ（2枚）

衿先・おくみつけ位置

後ろは前2枚を
合わせた1枚布で裁つ

フェルト芯（1枚）

6

8

●材料（1点分）

赤

本体用布、内布各20×20cm（小は16×16cm）　接着芯15×15cm　幅0.3cm
革ひも15cm（大のみ）　リボン用はぎれ適宜（小のみ）

白

本体用布、内布各20×20cm（小は16×16cm）　接着芯15×15cm　くるみボタン用はぎれ適宜　直径1.3cmくるみボタンキット1組（小は2組）　幅0.3cm
革ひも8cm（大のみ）

※実物大型紙は86ページ

1.本体と内布を中表に縫う

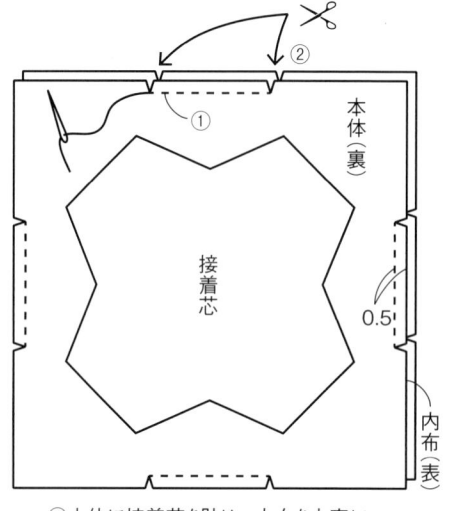
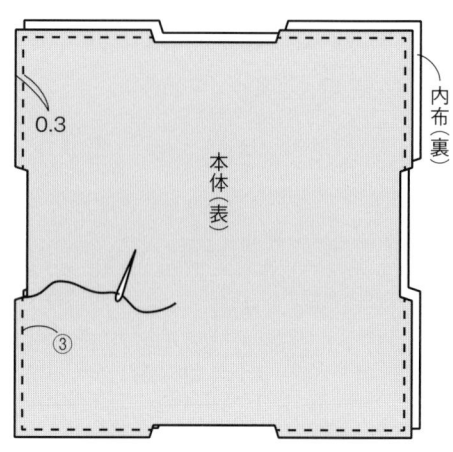

①本体に接着芯を貼り、内布を中表に合わせて縫い線を縫う
②縫い線の両端の縫い代に切り込みを入れる

③表に返してアイロンで形を整えて四隅をステッチで押さえる

2.折り紙の要領で箱をつくる

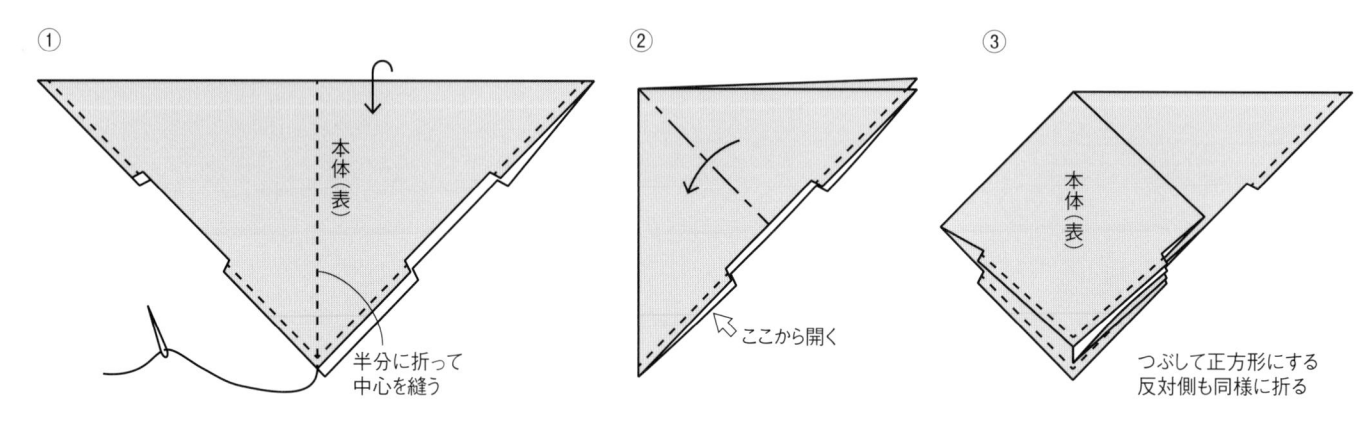

① 半分に折って中心を縫う

② ここから開く

③ つぶして正方形にする 反対側も同様に折る

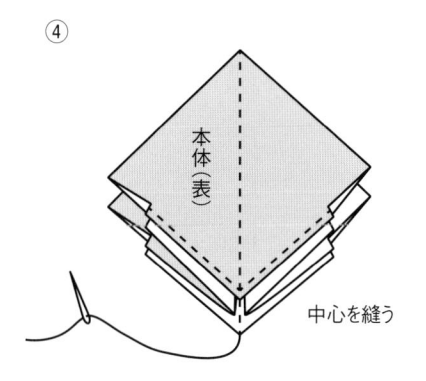
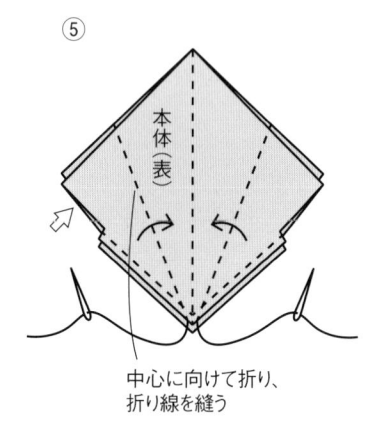
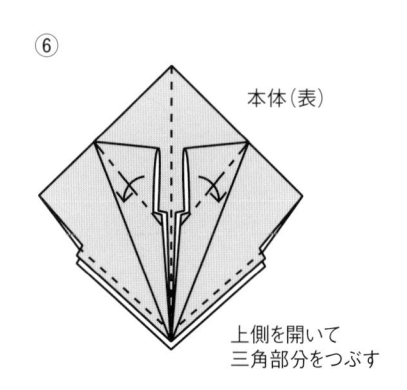

④ 中心を縫う

⑤ 中心に向けて折り、折り線を縫う

⑥ 上側を開いて三角部分をつぶす

⑦
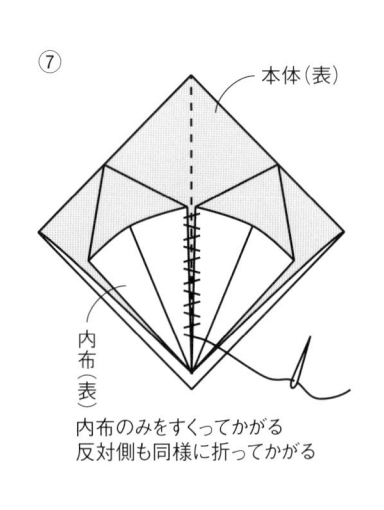

本体（表）

内布（表）

内布のみをすくってかがる
反対側も同様に折ってかがる

⑧
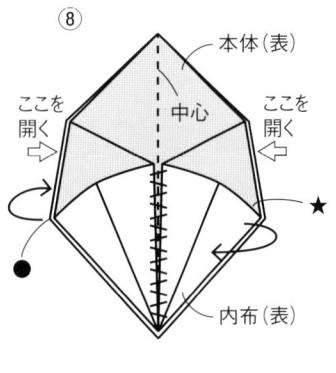

ここを開く

本体（表）

中心

ここを開く

★

●

内布（表）

⇧から開いて★を中心から前側に倒し、
反対側の●も同様に後ろ側に倒す

⑨
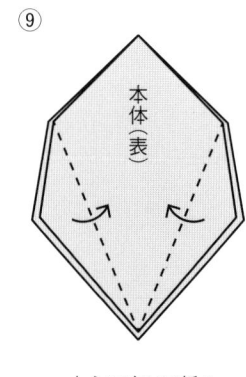

本体（表）

中心に向けて折る

⑩
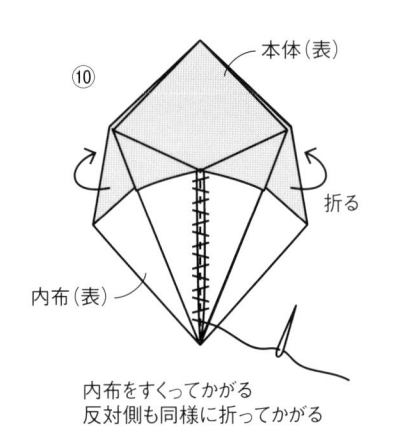

本体（表）

折る

内布（表）

内布をすくってかがる
反対側も同様に折ってかがる

⑪
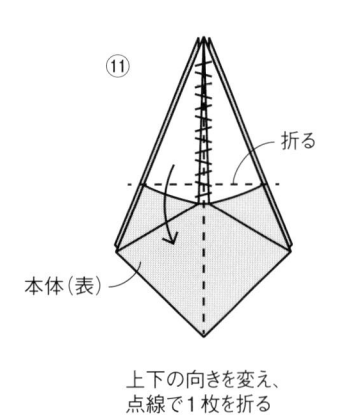

折る

本体（表）

上下の向きを変え、
点線で1枚を折る

⑫
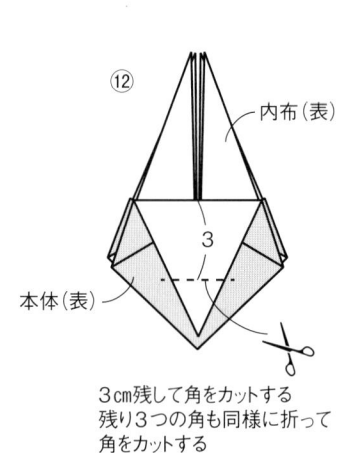

内布（表）

3

本体（表）

3㎝残して角をカットする
残り3つの角も同様に折って
角をカットする

3.飾りをつける

⑬
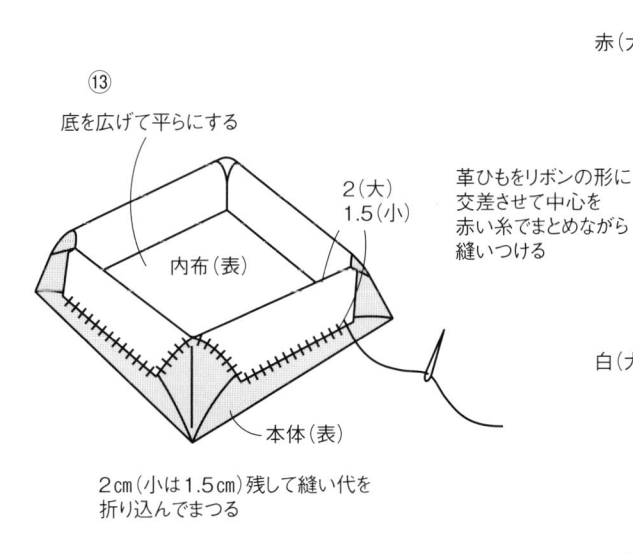

底を広げて平らにする

内布（表）

2（大）
1.5（小）

本体（表）

2㎝（小は1.5㎝）残して縫い代を
折り込んでまつる

赤（大）
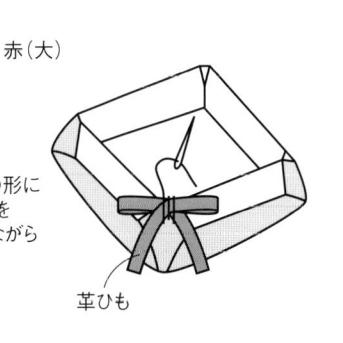

革ひもをリボンの形に
交差させて中心を
赤い糸でまとめながら
縫いつける

革ひも

赤（小）
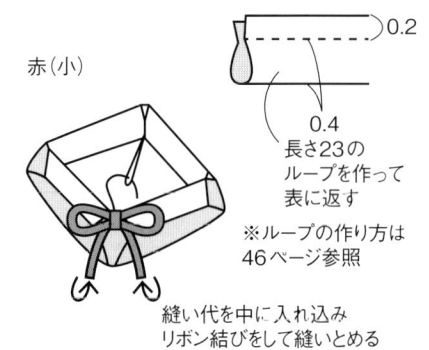

0.2

0.4
長さ23の
ループを作って
表に返す

※ループの作り方は
46ページ参照

縫い代を中に入れ込み
リボン結びをして縫いとめる

白（大）
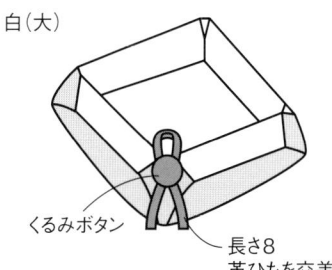

くるみボタン

長さ8
革ひもを交差させて上に
くるみボタンをつける

白（小）
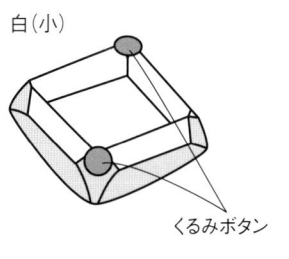

くるみボタン

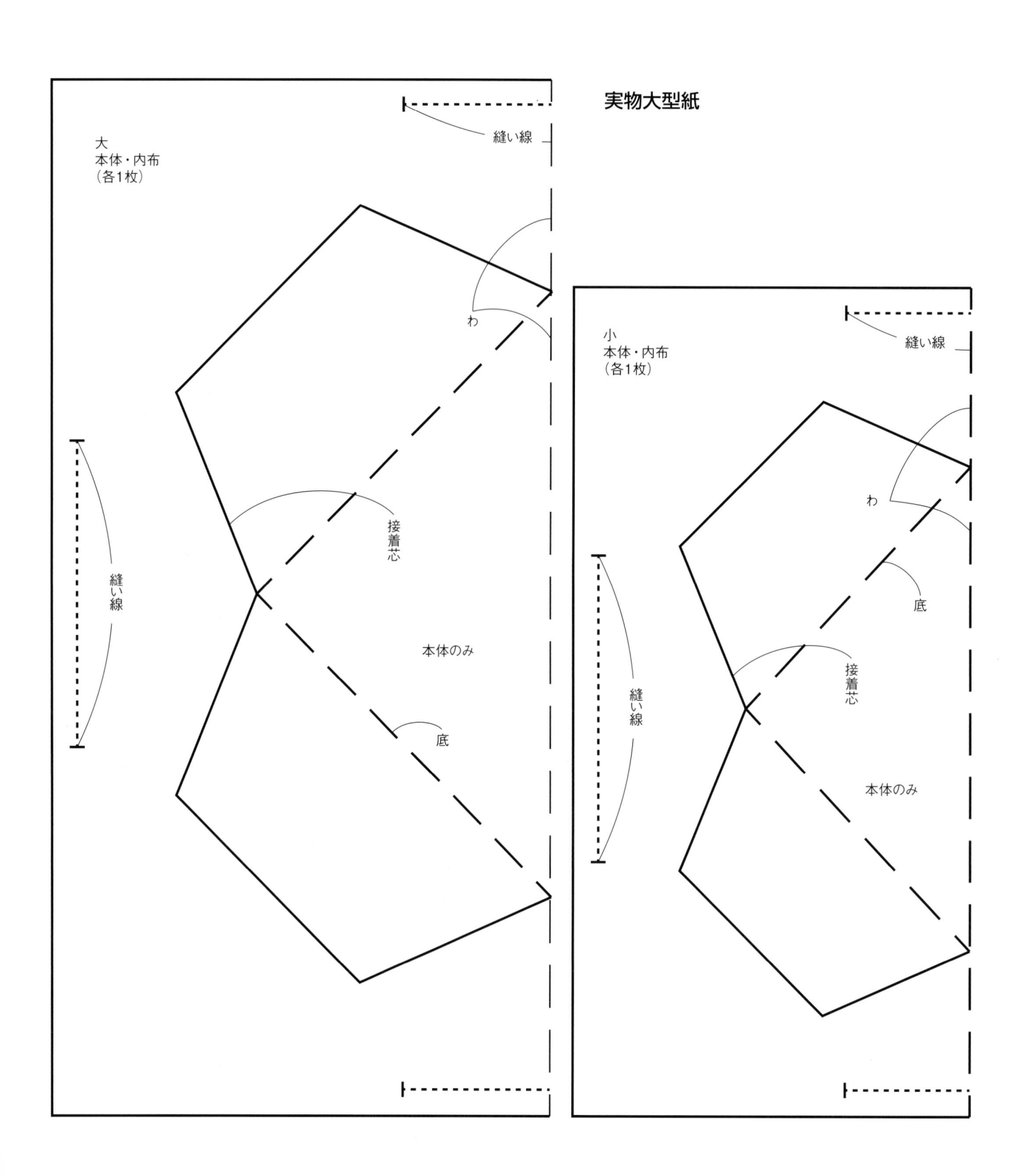

実物大型紙

大
本体・内布
（各1枚）

縫い線

わ

接着芯

本体のみ

底

縫い線

小
本体・内布
（各1枚）

縫い線

わ

底

接着芯

本体のみ

縫い線

●材料

ピンク
本体用布（パイピング分含む）、中袋用布、接着芯各33×15cm 直径1.2cm ボタン1個 アップリケ用はぎれ適宜 幅0.3cm革ひも25cm 直径5.5cm高さ10.5cmガラスびん1個

茶
本体用布、中袋用布（パイピング、リボン分含む）各33×15cm 幅0.3cm革ひも25cm 直径5.5cm高さ10.5cmガラスびん1個

1.本体と中袋を裁つ

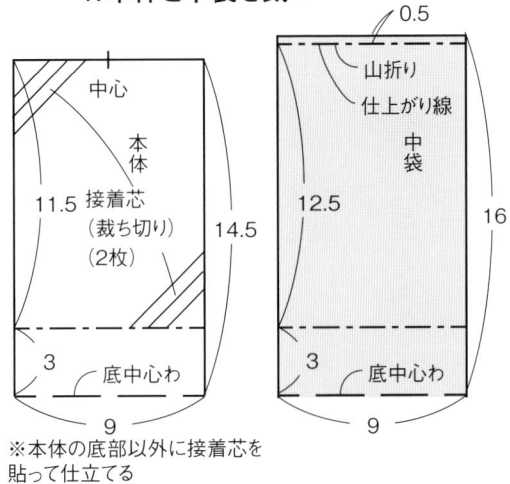

※本体の底部以外に接着芯を貼って仕立てる

2.本体と中袋の口を縫う

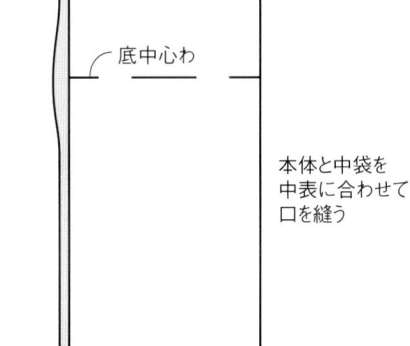

本体と中袋を中表に合わせて口を縫う

3.口の縫い代を折る

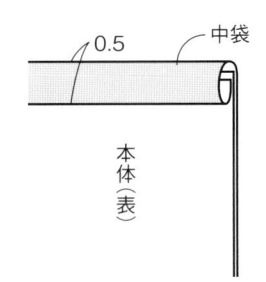

口の縫い代を0.5cmにカットして表に返し、本体の中袋の底中心を合わせて中袋の余った0.5cm分を折る

4.マチをたたんで両脇を縫う

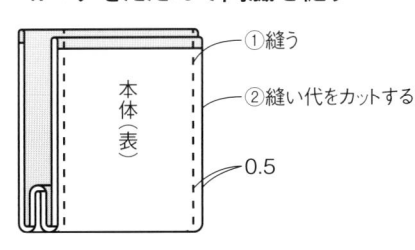

①縫う
②縫い代をカットする
0.5

5.両脇をパイピングする

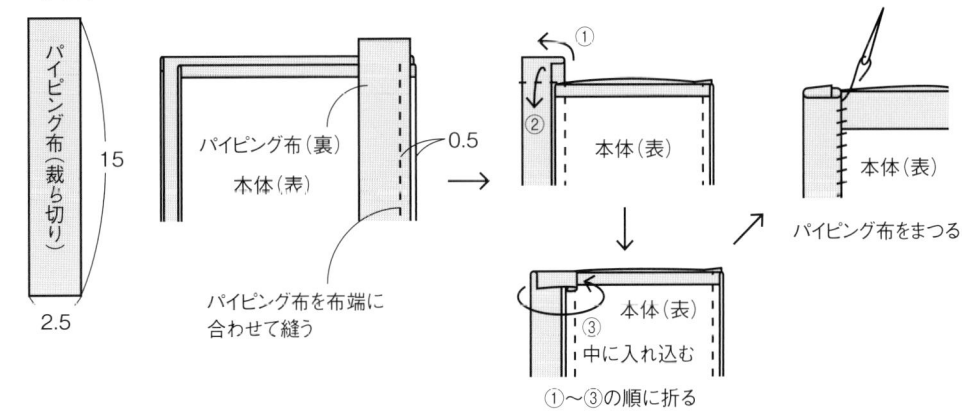

パイピング布を布端に合わせて縫う

①～③の順に折る

パイピング布をまつる

6.前に飾りをつけ、革ひもを縫いつける

リボンAをリボンBでまとめて縫いつける

リボンの作り方

リボンA・B（各1本）

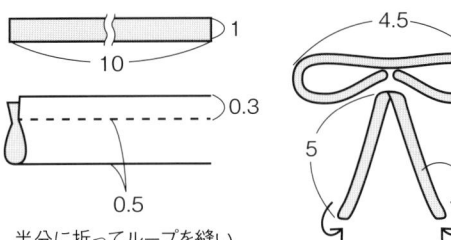

半分に折ってループを縫い、縫い代を0.3cmにカットして表に返す

※ループの作り方は46ページ参照

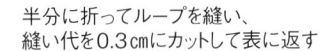

リボンAは裁ち切り9cmの長さにカットする
リボンBは縫い代を中に入れ込んで2つ折りする

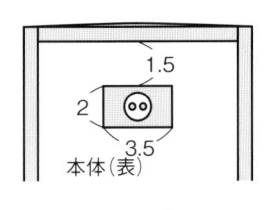

はぎれをアップリケし、ボタンをつける

●**材料（1点分）**
本体用帯地15×15cm　リボン、ルー
プ用サテン35×15cm　直径0.5cm鈴2
個　手芸わた適宜

1.本体を中表に縫う

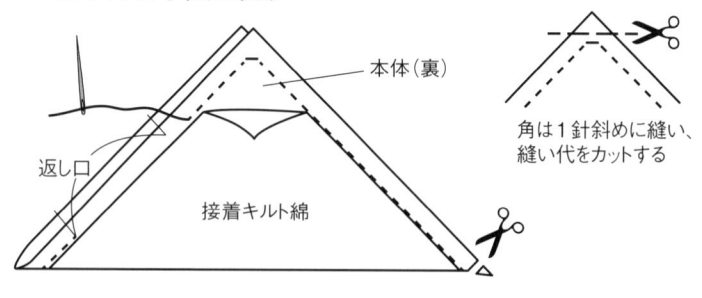

①本体を中表に半分に折る
②返し口を残して縫い、表に返す

角は1針斜めに縫い、
縫い代をカットする

※本体は接着キルト綿を
貼って仕立てる

2.手芸綿を詰めて飾りをつける

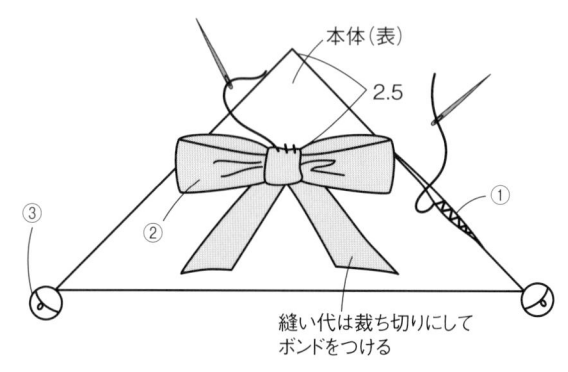

縫い代は裁ち切りにして
ボンドをつける

①返し口から手芸綿を詰めて、返し口をはしごまつりでとじる
②リボンを作ってリボン結びをしてまつる
③鈴を縫いつける

3.ループを後ろにつける

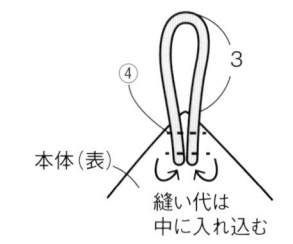

縫い代は
中に入れ込む

④ループを作って、
　本体の後ろに縫いつける

ループの作り方
ループ（1本）　バイアス地で裁つ

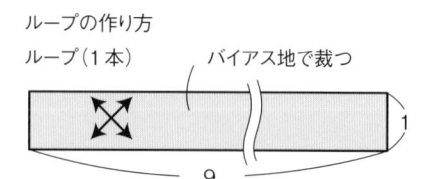

0.2にカットする

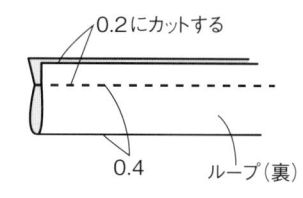

0.4　ループ（裏）

※バイアステープの裁ち方は
49ページ参照
※ループの作り方は
46ページ参照

半分に折り、中表に縫って表に返す

実物大型紙

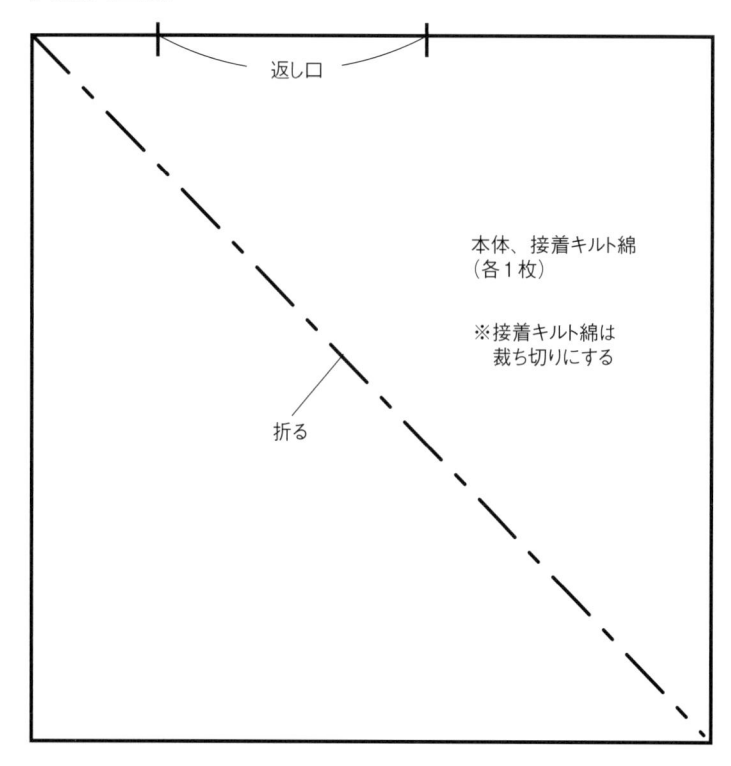

返し口

本体、接着キルト綿
（各1枚）

※接着キルト綿は
裁ち切りにする

折る

リボンの作り方
リボン（1本）　バイアス地で裁つ

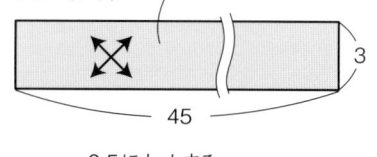

45

3

0.5にカットする

1.5　リボン（裏）

半分に折り、中表に縫って表に返す

●材料(1点分)
本体用帯地30×15cm　リボン、ループ
用サテン50×15cm(または幅1.2cmリ
ボン50cm)　0.4×0.4cmラインストー
ン連爪5個　手芸わた、ボンド適宜

※本体は接着キルト綿を
貼って仕立てる

1.本体を中表に縫う

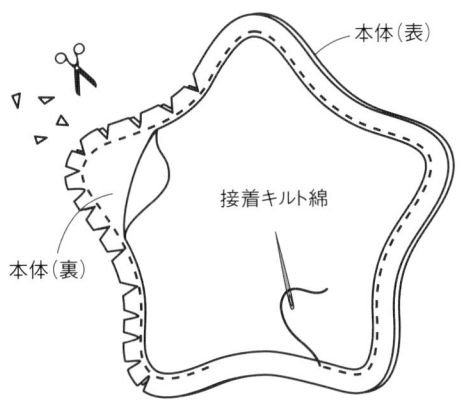

本体(表)
接着キルト綿
本体(裏)

①本体2枚を中表に合わせ、
返し口を残して周囲を縫う
②縫い代をV字にカットしてアイロンで割る

2.手芸綿を詰めて飾りをつける

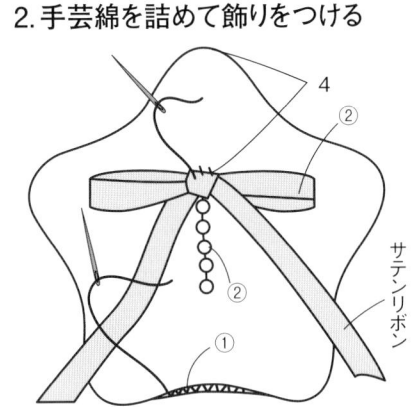

4
②
サテンリボン
①

4
前本体(表)
②
リボンを作り、
リボン結びにして縫いつける
縫い代は
裁ち切りにして
ボンドをつける
②
①

①表に返して、返し口から手芸綿を詰め、
返し口をはじごまつりでとじる
②前にリボンとライントーンを縫いとめる

実物大型紙

3.ループを後ろにつける。

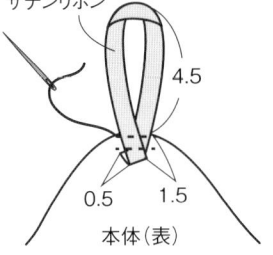

サテンリボン
4.5
0.5　1.5
本体(表)

ループ
2.5
1.5
本体(表)
縫い代を中に入れ込み、
四つ折りして縫いつける

リボンの作り方
リボン(1本)　バイアス地で裁つ
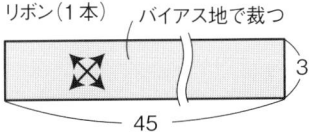
45
3

0.5にカットする
1.5　リボン(裏)
中表に半分に折り、
縫って表に返す

ループ(1枚)　バイアス地で裁つ
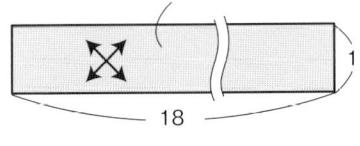
18
1

0.2にカットする
0.4　ループ(裏)
中表に半分に折って縫い、表に返す

※バイアステープの裁ち方は
49ページ参照
※ループの作り方は46ページ参照

本体、接着キルト綿(各2枚)

※接着キルト綿は
裁ち切りにする

返し口

◉材料(1点分)
本体用帯地30×80㎝　リボン用帯地
30×10㎝　ループ用サテン15×15㎝
両面接着芯10×10㎝　直径0.5cmビーズ（金）16個

1.本体を4枚作り、縫い合わせる

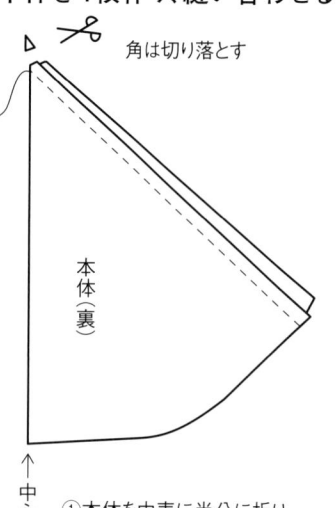

① 角は切り落とす

①本体を中表に半分に折り、
両端を合わせて縫い、
縫い代を割る

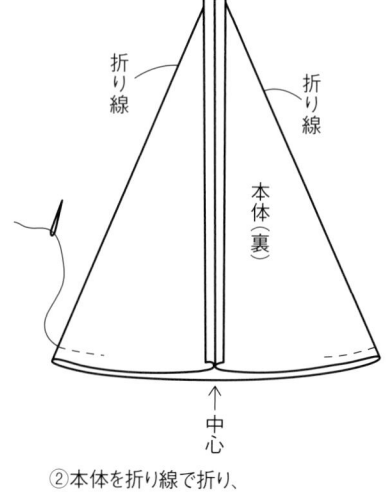

②

折り線　折り線

②本体を折り線で折り、
①の縫い線と中心を合わせてたたみ、
返し口を残して下部を縫う

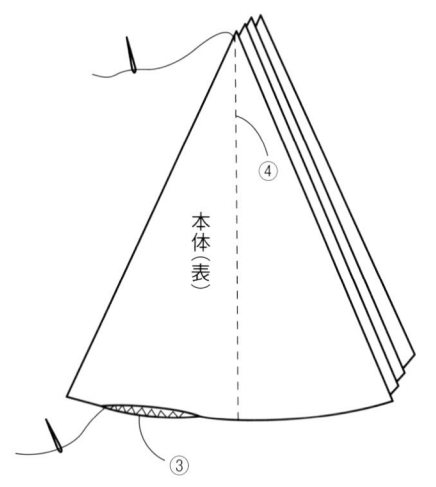

④

③返し口から表に返し、
返し口をはしごまつりでとじる
④同じものを4枚作り、
4枚を重ねて中心を縫う

2.ビーズをつける

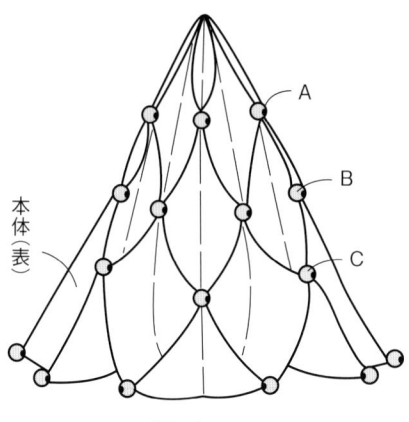

本体（表）

A
B
C

ABCの印同士を
それぞれ合わせて
ビーズを縫いつける

3.リボンをつける

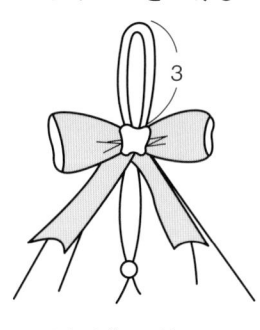

3

リボンを作って縫いつける

リボンの作り方

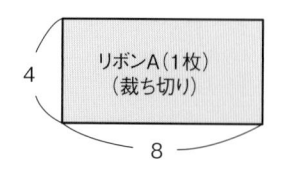

4　リボンA（1枚）（裁ち切り）
8

リボンB（1枚）（裁ち切り）
2
3

4　リボンC（1枚）（裁ち切り）
6

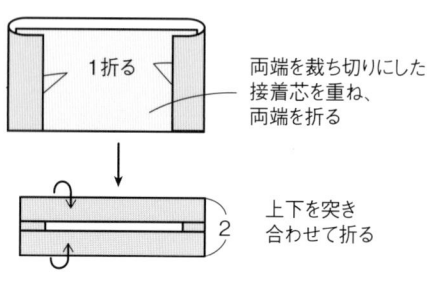

1折る

両端を裁ち切りにした
接着芯を重ね、
両端を折る

2

上下を突き
合わせて折る

リボンA、B共通
リボンCは両端を
折らずに作る

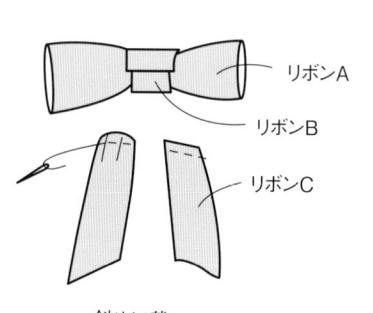

リボンA
リボンB
リボンC

斜めに裁つ

リボンAにリボンBを巻きつけ、
上部にタックをとったリボンCを縫いつける

3.ループをつける

3

1.5

両端の縫い代は
中に入れ込む

ループ

バイヤス地で裁つ

9

1

※ループの作り方は46ページ参照

0.2にカットする

0.4

ループ（裏）

中表に半分に折って縫い、
表に返す

実物大型紙

A

B

C

折り線

A

B

C

折り線

本体、接着芯（各4枚）

中心

返し口

◉材料（1点分）
フラッグ用はぎれ適宜　アイロン両面
接着シート30×10㎝　麻ひも50㎝
直径0.7㎝ビーズ（赤）5〜6個

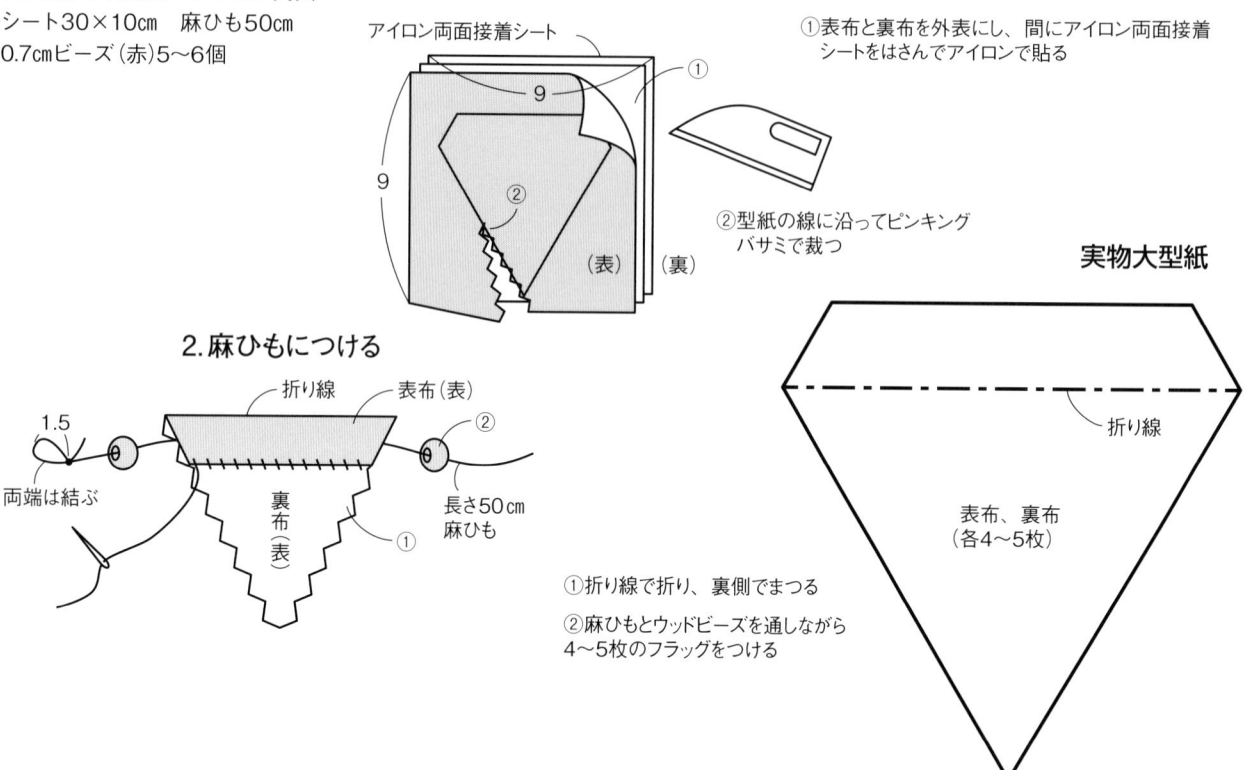

1. 表布と裏布を貼って裁つ

アイロン両面接着シート

①表布と裏布を外表にし、間にアイロン両面接着
シートをはさんでアイロンで貼る

②型紙の線に沿ってピンキング
バサミで裁つ

（表）（裏）

実物大型紙

折り線

表布、裏布
（各4〜5枚）

2. 麻ひもにつける

折り線　表布（表）

1.5

両端は結ぶ

裏布（表）

長さ50㎝
麻ひも

①折り線で折り、裏側でまつる

②麻ひもとウッドビーズを通しながら
4〜5枚のフラッグをつける

◉材料
はぎれ適宜　接着キルト綿25×20㎝
25番刺しゅう糸（赤）、厚紙各適宜

1. 表布と裏布を形作る

表布（裏）

①裁ち切りの
接着キルト綿を貼る

厚紙

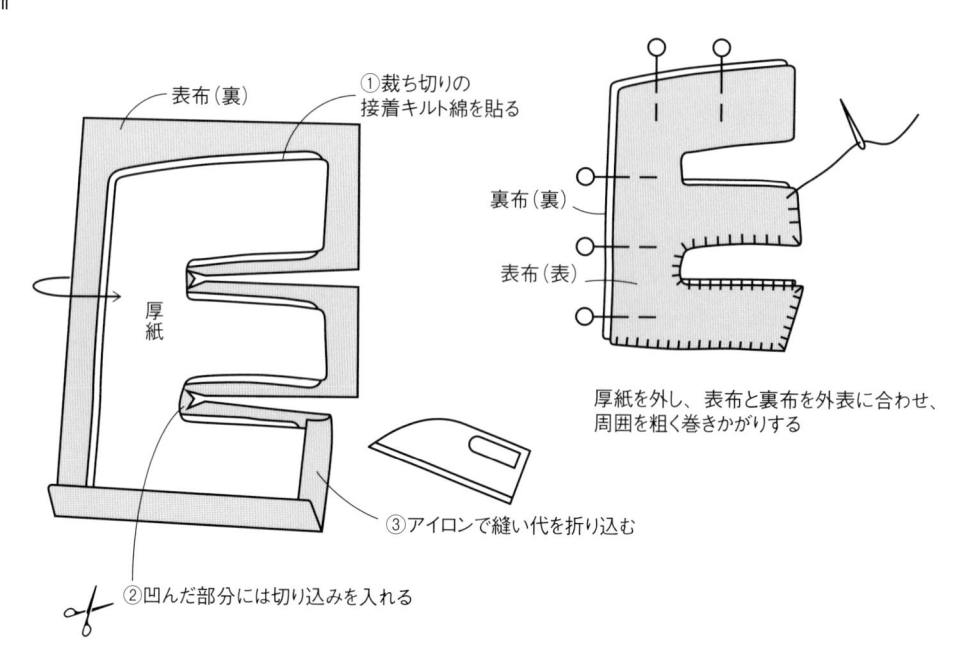

①表布、裏布の裏側にそれぞれ
裁ち切りの接着キルト綿を貼る
②切り込みを入れる
③厚紙で作った型紙を重ねて、
縫い代をアイロンで折り込む

②凹んだ部分には切り込みを入れる

③アイロンで縫い代を折り込む

2. 表布と裏布を合わせてかがる

裏布（裏）

表布（表）

厚紙を外し、表布と裏布を外表に合わせ、
周囲を粗く巻きかがりする

実物大型紙

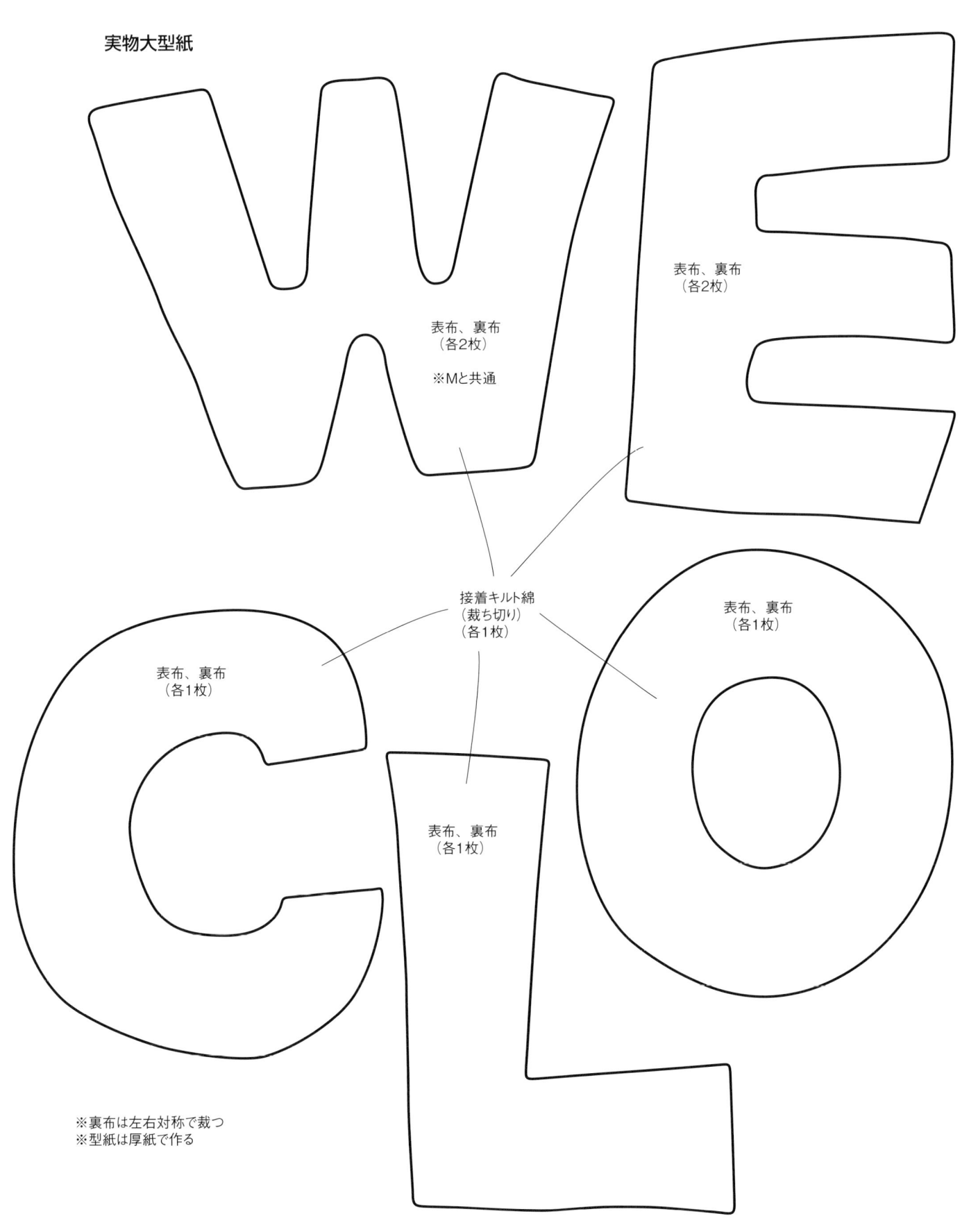

表布、裏布
（各2枚）

表布、裏布
（各2枚）

※Mと共通

接着キルト綿
（裁ち切り）
（各1枚）

表布、裏布
（各1枚）

表布、裏布
（各1枚）

表布、裏布
（各1枚）

※裏布は左右対称で裁つ
※型紙は厚紙で作る

◉材料（1点分）
本体用布25×50㎝　アイロン両面接
着シート25×25㎝　500mlペットボ
トルあきビン1個

2.表布と裏布を裁ち、表布に印をつける

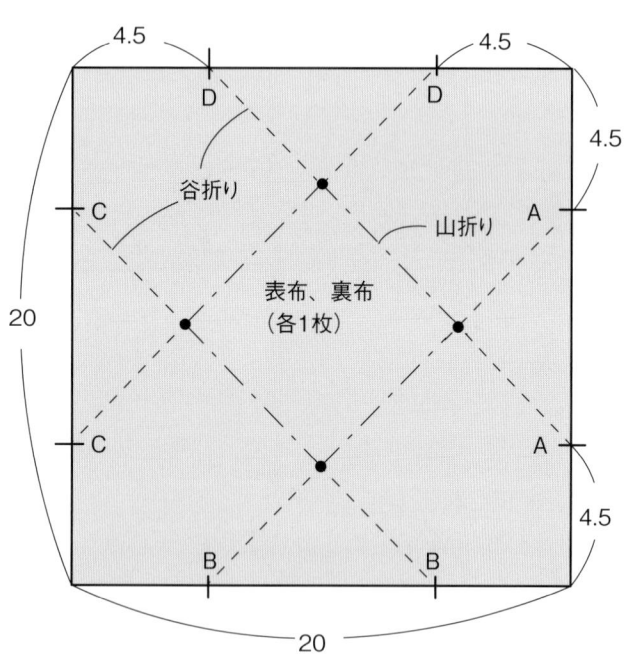

型紙通りに切り、印をつける

※周囲はピンキングばさみで裁ってもよい

1.表布と裏布を外表に合わせて貼る

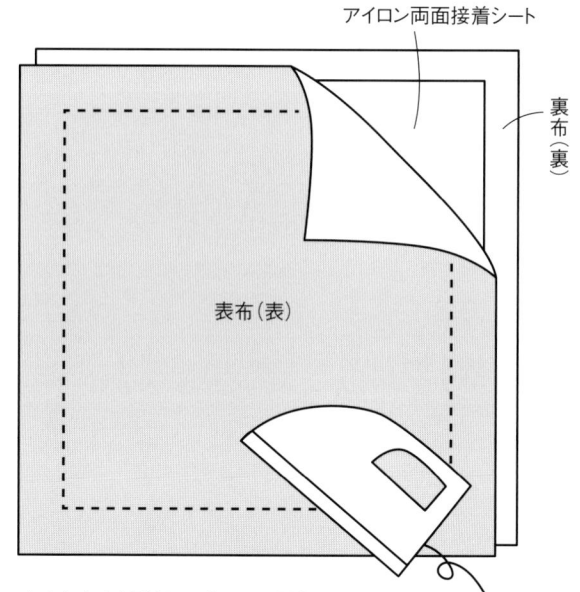

表布と裏布を型紙より大きめに用意し、
外表に合わせ、間にアイロン両面接着シートをはさみ、
アイロンで貼る

3.合印を合わせて縫う

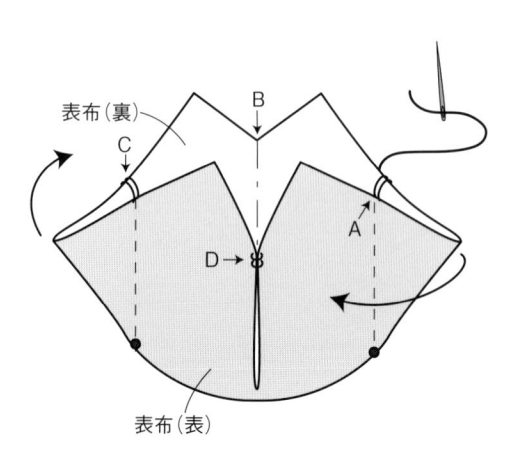

A～D同士を合わせて縫いとめ、
折り線から一方の方向に折る

4.ひだを縫いとめる

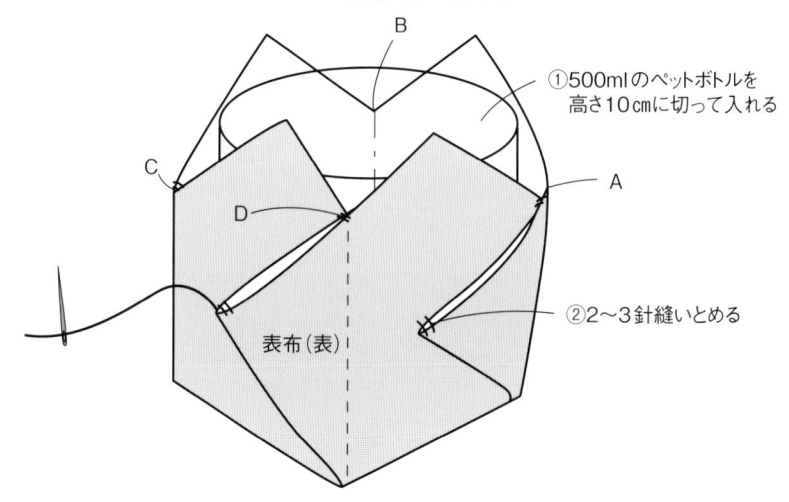

①500mlのペットボトルを
高さ10㎝に切って入れる

②2～3針縫いとめる

●材料（1点分）
はぎれ適宜　ハガキ大の厚紙1枚

1. 布を裁つ

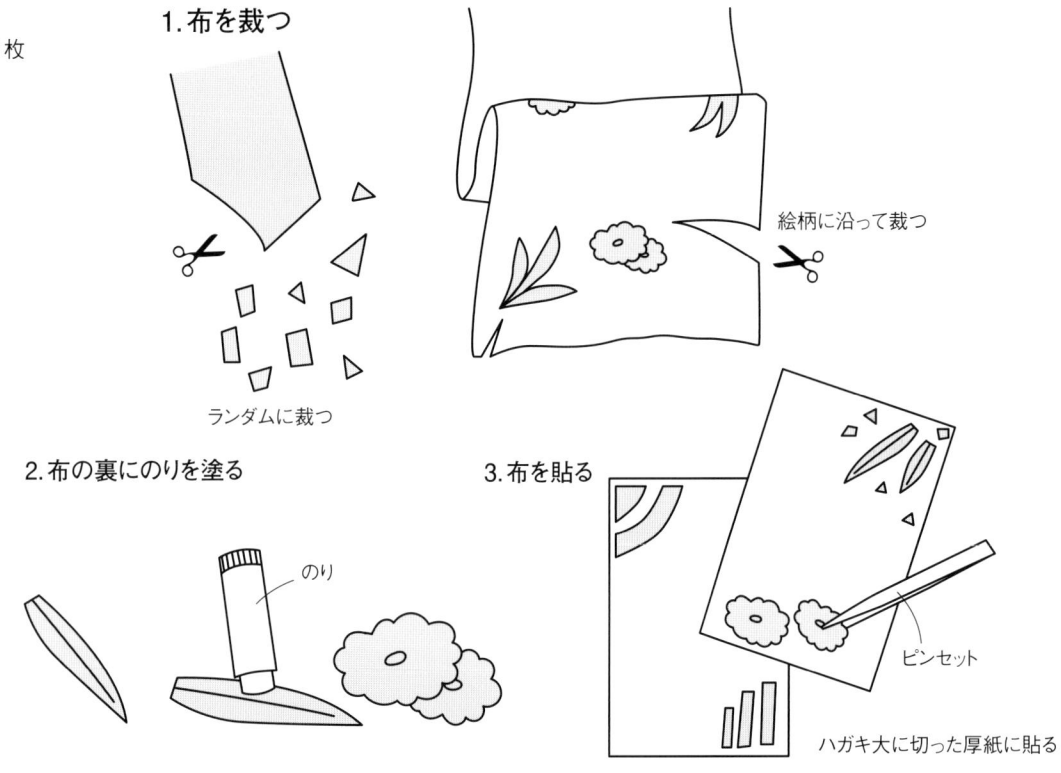

ランダムに裁つ

絵柄に沿って裁つ

2. 布の裏にのりを塗る

のり

3. 布を貼る

ピンセット

ハガキ大に切った厚紙に貼る

P.41 **くるみボタンの木製ピンチ**

●材料
はぎれ適宜　麻ひも30㎝　直径2㎝く
るみボタンキット5組　長さ4.5㎝木製
ピンチ5個　ボンド適宜

1. くるみボタンを作り、足をとる

とる

①くるみボタンを作り、
足をペンチでとる

②くるみボタンの裏に
ボンドをたっぷり塗る

2. くるみボタンを木製ピンチに貼る

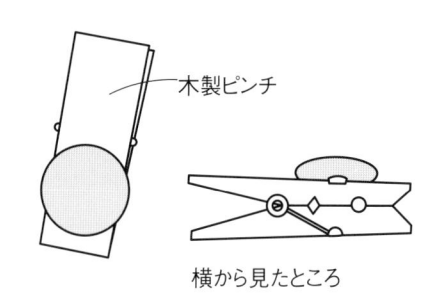

木製ピンチ

横から見たところ

3. 麻ひもに通す

両端は結ぶ

1.5
麻ひも

木製ピンチのバネの穴に
麻ひもを通す

藤岡幸子 （ふじおかさちこ）

洋裁を得意とする祖母と母、好奇心旺盛でDIYが得意な父の影響で、 小学生の頃から洋服作り、もの作りをしてきた。20代の頃より着物や帯を素材に、洋服はもとよりアクセサリー、バッグ、スカーフ、インテリア品まで幅広く手がけるようになる。2010年より着物リメイク教室を始め、ていねいな指導で洋裁初心者でもすてきな作品ができ上がっている。 手作りの温かさを目指した「藤岡之血」ブランドの可愛い小物雑貨も好評。カルチャースクールの講師も務める。

藤岡幸子着物リメイク教室
東京都渋谷区道玄坂2-18-11　サンモール道玄坂4F　431号室
https://fujiokanochi.crayonsite.com
e-mail fujiokanochi@yahoo.co.jp
TEL 090-9132-3270 FAX 03-3991-3220

撮影　　　山本和正
デザイン　多田和子
トレース　原山恵　爲季法子　共同工芸社
製図　　　藤岡幸子
編集　　　佐々木純子
進行　　　鏑木香織里

【読者の皆様へ】

本書の内容に関するお問い合わせは、
お手紙または
FAX.03-5360-8047
メール info@TG＝NET.co.jp
にて承ります。
恐縮ですが、お電話でのお問い合わせはご遠慮ください。
『毎日使える　バッグ＆インテリアこもの』編集部

※本書に掲載している作品の複製・販売はご遠慮ください。

着物地をリメイク！

毎日使える バッグ＆インテリアこもの

2019年12月5日　初版第1刷発行
2020年 6 月5日　初版第2刷発行

著者　　　藤岡幸子
発行者　　廣瀬和二
発行所　　株式会社　日東書院本社
　　　　　〒160-0022
　　　　　東京都新宿区新宿2丁目15番14号　辰巳ビル
　　　　　電話　03-5360-7522(代表)
　　　　　FAX　03-5360-8951(販売部)
　　　　　振替　00180-0-705733
　　　　　URL　http://www.TG-NET.co.jp/

印刷　　　三共グラフィック株式会社
製本　　　株式会社セイコーバインダリー